天津口述历史丛书

世纪回眸

石毓澍自传

石毓澍 ◎ 著

天津市口述史研究会 ◎ 编

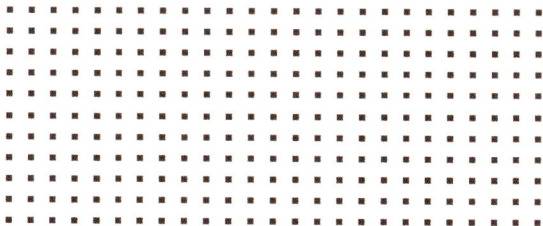

天津出版传媒集团

天津人民出版社

图书在版编目(CIP)数据

世纪回眸：石毓澍自传 / 石毓澍著；天津市口述
史研究会编. —— 天津：天津人民出版社，2018.10
（天津口述历史丛书）
ISBN 978-7-201-14076-6

Ⅰ.①世… Ⅱ.①石… ②天… Ⅲ.①石毓澍–自传
Ⅳ.①K826.2

中国版本图书馆 CIP 数据核字(2018)第 207241 号

世纪回眸 石毓澍自传
SHIJI HUIMOU SHIYUSHU ZIZHUAN

出　　版	天津人民出版社
出 版 人	刘　庆
地　　址	天津市和平区西康路 35 号康岳大厦
邮政编码	300051
邮购电话	(022)23332469
网　　址	http://www.tjrmcbs.com
电子信箱	tjrmcbs@126.com

责任编辑	岳　勇
装帧设计	明轩文化·王　烨

印　　刷	高教社(天津)印务有限公司
经　　销	新华书店
开　　本	880 毫米×1230 毫米　1/32
印　　张	9
插　　页	4
字　　数	170 千字
版次印次	2018 年 10 月第 1 版　2018 年 10 月第 1 次印刷
定　　价	58.00 元

　　石毓澍母亲。母亲是对石毓澍一生影响最大的人。这张照片是石挥1950年拍摄的，直到现在都一直摆在石毓澍的书桌上

1974年石毓澍在部队医院

2018 年石毓澍在悉尼家中

2017 年石毓澍、张季鸿夫妇于悉尼

石先生：

　　获知您百岁华诞，甚为欣喜。在这个特别的日子，送上我最诚挚和美好的祝愿。

　　　　　　　　　　　　　　　　　　　　伊丽莎白

2018 年 1 月 12 日英国女王伊丽莎白致石毓澍百岁诞辰贺信

亲爱的石先生：

　　在您百岁华诞之际，我和妻子琳恩为您送上最温暖的祝贺！祝您度过这个难忘和特别的生日。

　　　　　　　　　　　　　　　澳大利亚总督　皮特·卡斯谷

2018 年 1 月 12 日澳大利亚总督致石毓澍百岁诞辰的贺信

勤 奋 就 是 聪明

石毓澍
2018年2月29日
于墨尔本

百岁老人石毓澍 2018 年手书

2017 年在石毓澍百岁寿辰之际，全家聚会在澳大利亚
（前排左起：Allan、伟年、季鸿、毓澍、路年、象同，后排左起：Andy、
Emily、Emma、Pierre、Melissa、若男、Rémy、Clément、Jessica）

前　言

　　石毓澍是我国著名的心内科专家、医学教育家,他为心脏病学科呕心沥血,挽救了无数垂危病人的生命。他将自己精湛的医疗技术和渊博的专业知识奉献于病人,以高尚的医德和良好的态度温暖着病人。

　　石毓澍于 1918 年 1 月 12 日出生于北京,祖籍天津杨柳青。14 岁考入北平中法大学高中部。1937 年 19 岁的他从北京远赴法国里昂大学医学院。1944 年秋天毕业,获得博士学位。1945 年 8 月 1 日,石毓澍从巴黎回国。先后在天津、云南工作。中华人民共和国成立后,他在天津总医院内科工作。1952 年 8 月至 1953 年 3 月,石毓澍被调到中国国际反细菌战代表团工作。回国后,在天津总医院内科从事心脏病临床诊断学研究,在设备简陋的条件下创造出先天性心脏病内科诊断新方法,为提高心脏外科治愈率奠定了基础。在"文化大革命"中,他被戴上"反动学术权威"帽子,受到不公正待遇。1970 年恢复正常工作,于 1971 年底年调到中国人民解放军北京部队医院,成为一名军医,负责中央领导医疗保健工作,从此离开天津总医院。

1974 年 9 月，石毓澍从部队转业，又回到天津工作。那时天津医学院成立了第二附属医院，他被调到第二附属医院内科工作。1978 年春，他参加全国科学大会后，对医学科研事业的热情再一次燃起，开始在天津着手筹建集临床、科研和教学于一体的心脏病学研究所。1980 年，天津心脏病学研究所成立，他被任命为所长。

1981 年，石毓澍受邀请前往法国里昂访问，促成了天津医科学院与里昂中法学院的合作。随后几年，所里先后选派 7 名优秀年轻医生前往法国里昂进修。此外，美国、荷兰、日本、法国、加拿大等国的著名医学专家来到天津心脏病学研究所讲学。心脏病学研究所建立后，石毓澍被批准为国家第一批博士生导师，前后共培养了 14 名硕士、6 名博士。石毓澍除指导研究生研究、撰写论文及答辩等工作外，还编写了《临床心律学》及《临床心电生理学》两本著作。1984 年，当选为中华医学会副会长、天津医学会第四届会长。1986 年，当选为《中华内科杂志》副总编。1988 年，年过七旬的他辞去了行政职务，被天津医学院授予终身教授。同年，石毓澍荣获法国里昂荣誉市民称号。1991 年，他协助心外科成功完成了天津医学院第二附属医院第一例冠脉搭桥手术。

1995 年，在中华医学会成立 80 年大会上，石毓澍被评为全国 80 名有突出贡献的医学专家之一，并受到表彰；中华医学会心电生理和起搏分会授予石毓澍中国开创心电生理学奖牌。1996 年 7 月 6 日，石毓澍同夫人张季鸿女士离开中国,前往澳洲定居。

　　石毓澍定居澳洲后, 在写作《临床心脏病学讲义》(2016 年由天津科技出版社出版)之余,开始着手撰写回忆自传,先后经历若干年完成初稿。2017 年,天津市口述史研究会认为,石毓澍口述并撰写的传记很有价值,并有教育后人的意义,决定将这些手稿加以整理并出版,以祝贺石毓澍教授百年寿辰。在这期间,石毓澍收到了英国女王和澳大利亚总督对他百年寿辰的贺信,又为本书的出版增添了光彩。石毓澍作为一名享有盛誉的医学专家、教育家,在其从医的一生中,从不图名利,而是一切为病人着想,始终将病人的安危放在第一位。这种高尚的医德是非常难能可贵的,永远是从医者学习的楷模! 愿这本书的出版能受到广大读者的喜爱。

　　本书作者在叙述中使用了一些法文地名、人名,为避免音译误差,故未用中文标注,而保留法文写法,特此说明。

编　者

序 一

邢元敏

　　天津市口述史研究会准备出版我国著名心脏病学专家、医学教育家、百岁老人石毓澍先生的自传，石先生嘱我写篇序，恭敬不如从命。这些日子，我认真读了根据石老亲笔撰写的文稿，读后深受教益，真是感慨万千。于是写下下面的话，作为本书序言。

　　书稿以详尽的史料、生动的笔触记述了石毓澍先生丰富的人生经历、深邃的思想理念、卓著的事业成就，展现了石毓澍先生在医学领域精益求精、在人生逆境执着坚守、为祖国医疗教育事业倾情奉献的崇高风范，字里行间流露出作者的浓浓亲情和深情，是帮助大家了解、学习石毓澍先生的难得资料，是教育、启迪后人的宝贵精神财富。

　　石毓澍先生祖籍天津，出身名门，早年赴法留学，专攻医学。学成回国后积极投身新中国医学事业，特别是为心脏病学科的创新发展呕心沥血，最早研究提出心脏病与细菌感染有关，用开创性思路推进心脏病的诊断、治疗与科研，成为我国现代心脏病学科创始人之一，建树颇丰。他以

精湛的医疗技术和渊博的专业知识挽救了无数生命垂危
的病人,以高尚的师德、医德提携、带动了一批年轻的医学
工作者。作为党和国家领导人保健专家组成员,多次在重
要医疗工作中发挥了积极作用。石毓澍先生眼界开阔、兴
趣广泛,思维敏捷、学识广博,除医学专业领域外,广为涉
猎国学、政治学等学科领域,很有思想见地。他还是一位资
深球迷,每当有重要国内外足球赛,和他聊起来,他总会有
特别评价。

　　由于工作关系,我与石毓澍先生保持着多年的交往和
友谊,可以说是忘年之交。先生始终不忘学习,刻苦钻研,
是一位有思想的医学大家。每次与先生交谈,我都被先生
高尚的品德、丰厚的阅历所感染,从先生精辟的论述中得
到启示。虽然他定居澳大利亚多年,但他出版的几本著作
我都有幸拜读,受益匪浅。

　　相信本书的出版是对先生后人的精神馈赠,也一定能
使更多的人有所获益。衷心祝愿石毓澍先生健康长寿!

　　是为序。

2016 年 11 月 30 日

序 二

艾克林

一个偶然的机会,我参加了天津市口述史研究会的会议,方兆麟会长听取了关于吴咸中院士一书撰稿进度汇报后,问及我,还有哪位专家可写。因为方会长对医疗卫生行业的专家很熟悉,所以我提出可以整理石毓澍的口述史。石老是我国著名的心血管内科专家,曾获心电生理终身贡献奖。我知道石老写过他自己的家史,资料可靠。我的建议得到方会长的赞同,石老也表示可以。方会长提出很好的思路:根据石老亲笔撰写的回忆录编辑、整理。

书稿有了,我建议由方会长写序,他说自己没资格,坚决不同意。石老约请曾担任市政协主席的邢元敏先生写,他也是石老的老朋友。虽然如此,方会长还是希望我在前面写点什么。

我不是官员,不是石家人,也不是石老的学生,如何有这番勇气写?征求了石老的意见,他同意我写。我想这是石老对我的信任、鼓励。

　　我与石老交往是在 20 世纪 80 年代，市卫生局聘请石老担任天津心血管研究所所长，局长乔懋彬委派我为他和石老之间的联络员。我在二附属医院见过石老爷子向护士长发脾气，因为他的诊桌被搬到了远离病人的地方，他怒喊："医生一切都要方便病人，不能远离病人！"我心中生出对他的敬仰，因为他想的是普通的病人。我去过他的家，很"乱"，有若干堆纸，他笑道："都是有用的，分别堆放，好找。"我明白了，他的家是又一间办公室。天津市心血管研究所在市胸科医院，成立之时，市卫生局要召开大会。石老让我告诉乔局长，不要开大会，不要摆花，要干活儿。他拒绝了车接，我陪他骑自行车到了胸科医院。他和我把自行车放在西安道胸科医院行政楼旁的胡同中，一拍车道："咱这破车，没人偷！"我更崇敬这位大名鼎鼎的专家，如此简朴、务实、幽默。

　　随着石老不再担任心血管研究所所长，我的联络员也自动免职了。"职"免了，却留下了我与石老忘年交的友谊。石老移居澳大利亚后，每年回天津，也到医院走走看看。他总要问"小艾在哪儿？"于是，我这个"小艾"便又陪同他。我很感谢石老，他不曾忘记我。石家有些事，石老在国外不方便，也要我帮办。石老说："小艾能办。"我知道，不是我能办，是"石毓澍"这面大旗的缘故。我可以心安的是，我从不把"石毓澍"这面大旗"包装了自己去吓别人"。可能这也是石老对我信任的缘故吧。由于这份信任，我提出写石老，他答应了。我策划了这本根据石老亲笔撰写的回忆录整

7

理、修改的书,并由我写这个编书的过程。

北运河流到天津地界,在一片青青杨柳中形成了一座繁华之镇,乃为杨柳青镇。杨柳青镇中石家有二脉,一脉以赶大营为生,一脉靠漕运为生,漕运发展了石家,成为大户,遂建宅府。

杨柳青石家现代走出了两位名人兄弟:一是哥哥石挥(石毓涛),被称为中国话剧皇帝;另一位便是弟弟石毓澍,是中国著名的心血管内科专家。虽然有人写过石挥,但石老写石挥当为最可信。

石毓澍,很多人知道他是著名的心血管内科专家,但但他的家史、他的主要经历从未公开出版,这本根据石老亲笔撰写的回忆录整理、修改的书是第一次。

石毓澍从塘沽起航去法国的惊险,在法国学习期间的艰苦,都能给读者以启发。

石老在从事心血管内科的一生中,一直是排在"第一个":第一个在天津总医院内科建立了心血管专业组(相当于现在的专科),第一个使用心导管,第一个在天津二附属医院建立心血管研究所……没有勇气、没有能力登上"第一个"的位置,永不会成为大家。为更全面地介绍石老,特约了他的学生讲老师。

石老之所以是心血管内科的大家,还因为在他的眼里只有"病人"。不管是高官、平民、富人、穷人,凡是由他看的病人,他都是悉心诊治。他存下了诸多的记录病人病情的心电图。这些心电图保存至今,用在著作里。

　　石老之所以是大家,还因为他的博学。他始终坚持用哲学为指导,他坚持"一切都是相对的"。在他看来,任何事情都不是绝对的,都是在"相对"的过程中,高明的医生就是在相对中找出有利的方面。他能从常人常事中看出不寻常的东西,这在他写的"杂感"中充分体现。

　　我写出编书过程,作为序幕挡在正文前。现在可以拉开序幕,看看石老精彩的人生大戏吧。

写在前面的絮语

2018 年,我进入了百岁之年,真是意想不到,在天津市政协策划出版我的回忆录之际,我又一次回到以往的年代,一个世纪的人生经历让我感慨万千。

我邀请邢元敏同志为这本书写序。天津市口述史研究会会长方兆麟先生希望艾克林也在前面写点东西,我很同意。这俩人都是我的忘年交和挚友,所以我再絮说一些。

一、记挚友邢元敏

2000 年夏,我应邀回国,参加设在天津医科大学第二附属医院的天津心脏病学研究所成立 20 周年的纪念会,我非常高兴地出席了这次大会。因为这个研究所的建立、选址、经费,直到运行等,也就是说从它的孕育直到成年,我都直接参与,所以我很关心这个研究所的成长,也就是为了这次大会我受邀回国。那时我离开祖国仅两年,但是我很想回去看看,见见老朋友,看看这个研究所的运转情况。

到天津我入住在水晶宫饭店,办完手续进到房间不久,饭店的服务人员就告诉我,餐厅有一位客人请我下楼一同用餐。我便与家人一同下楼到指定的餐厅,见到了我多年的老朋友邢元敏,经介绍才知他已经是天津市委教卫工委书记(后任天津市政协主席)了,他特意来迎接我。在离国两年后,见到了家乡的市领导和老朋友,与他亲切交谈,我确实感到温暖。此后,我又几次回国,都有机会见到元敏同志,并互相交流意见,我对他能领导好政协工作寄予希望。这也是党的工作的一个重要方面。

元敏同志给人的印象是谦逊,对他人的讲话能认真听取,也能随时提出自己的看法,在互相交流中,也承认人与人可有不同的人生观,这是很难得的。我感到与他交谈能改变我的一些想法。我把自己写的回忆录送给他一本,我认为他可以看懂我的思想、人生观。这是我唯一送出的一本回忆录。

预祝元敏同志在未来的工作中取得更大的成绩!身体健康!

二、难以忘记的艾克林挚友

1974 年夏,我被调到天津医学院第二附属医院(一度被称为附属医院分院) 内科工作。这个医院是新成立的,是原来河北省立医院的旧址,已废弃多年,所以一切都要重新安排完善。我们有许多事必须与卫生局接触,请求协助,并接受分配给的任务。我个人也担任局领导分配的一些工作,如事故鉴定、每年的全市医生升级等工作,因此常与卫生局有工作上的接触。由于局长、处长等领导都很忙,事实上我最常接触的是有关科室的工作人员,而艾克林就是最常接触的一位。那时他也就三十几岁,我已近五十岁，局里人常喊他小艾，我有时也就跟着称他小艾。我到局里办事常常先找他，由他告诉我应当如何办，可以说办事都很顺利。

克林为人和蔼，说话声音不高，也并不爱笑，可以说，我从未见他大笑或狂笑。他不是社会上那种虚假应付、口气大但不办事的人。他谦逊、诚实，给人以真诚、可信的感觉。任何事他都要向上级汇报、请示，然后给我回复，这是很自然的。不论他的请示成功与否，我都相信他的努力，而且他会告诉我应如何改进才能得到领导批准。我对他的印象也是很多人对他的印象，所以当有人要去卫计委办事时，我都建议先找小艾，征求他意见再申请。

我刚刚出版了一本《临床心脏病学讲义》，目的是为了让青年医生学到外国最新的心脏病学知识。为了表明我的诚意，我声明不要稿费和版权，完全贡献给祖国。我身在澳洲，无法见到天津卫计委的领导，但希望天津市卫计委协助出版。我让石惟明告诉克林这个意见，他回答说可以请示局领导，但最好由我写信提出，这样他更好去请示卫计委领导，别人说的不足为据。后来趁友人回国时让他带去了我给克林的信，说明写书的原委，并签了字，转交给他，他转给卫计委领导。经委王建存书记与领导们开会讨论同意，现在这本书已经出版问世。从这件事可以看到，克林做事一丝不苟、坚持原则而又支持新事物，是一位规矩办事的人。我在国外，有些国内的事情我都请克林去帮忙办理，他做事情非常认真，他办事我全放心。借此机会我特向克林致以诚挚的谢意。

三、百岁感言

一个人走路时要看前面，看看走哪条路能最安全、最快捷地到达目的地。但当休息时就往往不自觉地要回头看看走过的路，想想经过的艰难险阻，当然也想起一些美好的机遇。所谓怀旧也是如此，一想起这些，眼前就呈现一个雨夜、一片阳光……这些都使人思绪万千。

回忆过去就是回忆生命。可是对我来说，既往的事，不论好坏，想着想着就想出一些伤感来。其实过去的事不论好坏都已过去了，但过去的是生命，再也不会回来了。生命不像房子那样，坏了可以拆了再盖。当然，沉浸在过去其实是没有实际意义的。所以按照让-雅克·卢梭(J.J Rousseau)的说法，人只能及时享受快乐或承受痛苦，做要做的事，不必念念不忘过去的成功与失败、光荣与屈辱、贫穷与富贵，更不必斤斤计较曾有过的胜利与失误。

这样想来，我对我所经历的酸甜苦辣的一生不但不感到痛苦，反而觉得不枉此生。我认为，苦与乐没有因果关系，所谓苦尽甜来只解释一部分事理。实际我们生活不必太费脑筋，换言之不必像精明的政治家、文学家那样有看透事物本质的洞察力，那样活得太累。我们看微笑就是高兴，哭泣就是悲哀，戏就是戏，历史就是历史。所谓"庸人自扰"实际是患得患失的表现。只要风暴过去而一息尚存，就继续高高兴兴地活下去。丢失的岁月和物质不要再去想，要乐观地看待一切。事情过去后，回过头看，见到的只是一片飞扬的尘土而已。

我亲历了第二次世界大战和史无前例的"文化大革命",看到了中国改革开放后的繁荣。上天待我独厚,我与有荣焉,我很知足。以一个普通智慧的人能在一所医学院做了我所能做的事,这已经是很不容易了。虽然我在年幼时生活不很好,但晚年还是很满意的。要用气象报告的话来说是"早晨阴,大风,有雷雨,晚间转晴"。但愿今后不来暴风雨。

石毓澍

2018 年 8 月 8 日于澳洲悉尼

目　录

第一章　艰辛岁月

一、家世 / 3

二、童年 / 7

三、小学 / 13

四、败落 / 18

五、挣扎 / 25

六、舅爷 / 31

七、转折 / 35

八、母亲 / 39

九、家庭 / 42

第二章　留学海外

一、难忘的 8 月 8 日 / 53

二、惊险离奇到上海 / 61

三、在印度洋上 / 67

四、开始新的生活 / 74

五、进入里昂大学医学院 / 78

六、二战时期的生活 / 89

七、法国生活琐记 / 93

    1.法国人与哲学 / 93

    2.露营体验 / 98

    3.看守桥梁 / 102

    4.奇葩鸳鸯 / 104

第三章　回到祖国

一、乘美机回国 / 115

二、成为接收专员 / 118

三、接收天津的医院 / 123

四、远赴云南 / 127

第四章　新的篇章

一、参加反细菌战工作 / 137

二、在天津总医院 / 143

三、初次经历政治运动 / 148

四、参加农村医疗队 / 150

五、"文革"中进牛棚 / 156

六、记老梁 / 160

七、成了一名军医 / 163

八、创建心脏病学研究所 / 165

第五章　记石挥兄

一、杨柳青石家 / 175

二、生活在底层 / 178

　　1.北宁铁路的车童 / 178

　　2.牙科诊所学徒 / 179

　　3.涉足话剧与真光小卖部 / 180

三、影剧艺术生涯 / 183

　　1.初入上海话剧圈 / 183

　　2.加入苦干剧团 / 186

　　3.进入文华电影公司 / 191

　　4.在上海电影制片厂 / 193

四、最后的旅途 / 195

　　1.绝望的抉择 / 195

　　2.平反昭雪 / 197

　　3.结束语 / 199

附录一　他人眼中的石老

我写石老　王寒松 / 203

石老让我记忆犹新的几件事　张　愈 / 208

一位智慧洒脱的老人　杨桂华 / 211

平凡中见高尚——忆石老二三事　艾克林 / 215

难忘师生共事情　周金台 / 219

忆恩师　李忠诚 / 226

永远的恩师　王　林 / 235

感悟　袁如玉 / 251

我去澳洲接石老 丛洪良 / 254

严谨治学 老骥伏枥 李广平 / 258

附录二 石毓澍教授部分专著和论文

第一章
Chapter 1

艰辛岁月

一、家世

我是 1918 年农历正月十二日出生。比我大两岁的三姐及比我小的蒲妹和毓溥弟都是出生在北京宣武门外校场小六条权盛里 1 号。我们兄弟姊妹一共 8 人,从长到幼分别是:

毓滋,我的大姐,比我大 10 岁。在我祖父这一支她行十,故我们称她十姐,但我们经常简称姐姐。她比母亲小 20 岁,是我们大家(除五哥外)最喜欢的人,母亲叫她滋滋。她出生在杨柳青老家,按照旧俗从小就缠足,从老家来到北京时一只脚患骨结核,有一瘘管,不时流出一点儿脓。可惜的是,那时家里没有送她去医院看看,当然那时也还没有链霉素,而是请中医治疗,最终因此而致命。更不幸的是,她的病还传给了三姐和蒲妹,实在令人遗憾。

毓浔,比我大 9 岁,排行老五,故我们称为五哥。他后来改名石开,笔名杨柳青。

毓溥,比我大 6 岁,自幼过继给怀德堂一位伯父。他一直在杨柳青生活,后来上了天津南开中学,直到他 1935 年来北京上辅仁大学时,我们才第一次见面。他在大学学的是心理学,毕业后经介绍到协和医院,在神经科做病人的心理分析工作。1939年日本人占领了协和医院,他就回到天津,到天津19中学教初中代数。在1977年因心肌梗死病逝,享年65岁。他为人敦厚诚实,我在天津工作时也常与他见面。

毓涛,比我大3岁,后来改名石挥,我们也戏称他"气哥"。他在大排行中行十,他是我们弟兄中在事业上最成功的一个。

毓溁,比我大2岁,不知何故我叫她三姐,13岁时因肺结核病逝。

毓澍,我自己,大排行十一。

毓蒲,比我小2岁,我们叫她小蒲,9岁时死于粟粒性肺结核。

毓溥,比我小3岁,小名老诚,大排行十二。

大约在涛兄1岁时,父母亲带着全家从杨柳青迁来北京,住在权盛里。随来的还有父亲的奶妈,我们称呼为乾奶奶,我出生时她已是近六十岁了,一直和我们住在一起,也帮助做些家务。由于她的地位,每当父亲发脾气时,只有她可以制止。乾奶奶是一位典型的慈祥老太太,她的人缘好,邻居都称她乾奶奶。我与她在一个炕上睡觉直到她离开北京,大约有十几年。她睡得早,我们也就睡得早。如果我白天犯了什么错,她在睡前就训我。她好抽烟袋,有气管炎,清晨起床要咳嗽吐痰,我们给她捶背。她七十多岁时我们搬到了校场四条,那时家道衰落,小蒲病故了,她自己也年迈了,最后由气哥(当时在北宁路当车童)送回到杨柳青,她儿子和孙子到车站接回老家,晚年与儿孙一起生活。我至今还怀念她,我把她当我的亲奶奶,她无私地照顾我们,对我一生有很大影响,特别是在应如何对待孩子方面。

我们家世居天津杨柳青,老家中有祖父母,还有我父亲的兄弟姊妹,以及许多本家亲戚、朋友,家中还有一些良田,而父亲为要何独自离开杨柳青来到北京居住?这可能是由于父亲一方面看到大家庭的家境日衰;另一方面他在北京上了几年高等师范后看到了杨柳青以外的天地,眼界大开。所以当祖父母去世后,他认为不必再固守家门,便在北京师范大学找到一份职员的工作,并毅然举家迁到

1946 年,石毓澍、石毓溥、石挥(毓涛)、石开(毓浔)与母亲在北海的合影

北京。可以想象,这在当时是一个大胆而又明智的举动。

"杨柳青石家"是天津八大家之一,不管是老八大家还是新八大家,石家都"榜上有名"。它的财富主要是田地,据说有好几百顷。最早是如何积累了偌大的财富?说法不一。比较可靠的说法是,我们的先辈来自山东,靠着在运河上运粮生活,最后落脚在杨柳青。杨柳青在金元时期就已是运河边上的漕运码头,名柳口。到明清时期京杭大运河兴

盛起来后,这里已发展成为大运河畔的繁华重镇,改名杨柳青。这个小镇距天津只有二十多千米,有运河水路运货,有津浦铁路经过,周围有肥沃的土地,物产丰富,镇子里有南来北往的富商巨贾和各种手艺匠人,是一个好地方。石家经过几代人的辛勤劳动,才积累了大块土地,后来成为大的地主。有传说石家致富,是因为在乾隆年间有一位宫女逃出宫,来到杨柳青得到石家人的救助,并留在石家。她带来很多珠宝,所以石家就富起来了。这是一种没有根据的说法。可以设想,那年月宫女很难逃出宫,即使逃出也没有人敢收留,那是要冒杀头之罪的。

在我记事时,石家就早已经分为四门,即长门、二门、三门和四门,这是在我前四五代的祖先弟兄4人分家时分成的四个独立门户。据说当时是平分的,但后来随着各门的发展,经过多年后,各门在人口、经营能力、人的素质等方面出现了很大的差异。例如长门人口多,每人所得少,受教育的程度也差,大概没有上大学的。后来土地被卖完,多数人靠做小生意、当小职员为生,我们很少往来接触。四门人少又善于经营,因而家境富裕。

我们属于二门,名为恩德堂。到我祖父(作瑗)时又分出来,成为独立的一支,取名三德堂。我父亲弟兄4人,他最小,大排行十四。

二、童年

　　每个人都有童年，由于那个时期是一生无忧无虑、充满好奇的时期，所以都有美好的回忆。我的幼年得从北京宣武门外校场小六条权盛里1号说起，因为那是我出生的地方。当年父亲选择权盛里住可能是由于他那时在师大工作，因为师大在和平门外，权盛里在宣武门外，二者相距1500米。另外房租也便宜。要知在清朝时，皇帝住在北京的紫禁城内，旗人住内城，老百姓住外城（如宣武门外、崇文门外）。

　　父亲名石绍廉，字博泉；母亲名沈树珍。母亲有姊妹4人，她行四。她有一个弟弟（大舅），但这位弟弟有点儿傻。母亲6岁时，我的外祖母去世。外祖父家也是天津的一有钱人家，不然不会与石家联姻。外祖父后来又续妻，母亲提到这件事时常会落泪，足见受了不少继母的气。这位继母生了一个男孩儿，就是我的小舅舅，母亲与我的小舅关系很好，我在天津工作时一直与他家来往。我的表弟沈跃彬也常与我们来往。母亲的大姐出嫁（丈夫姓任）后生一女，就是后来成为著名话剧演员的于是之的母亲，我们称为大姐。母亲的二姐嫁给一位娄先生为继室，其前妻生一女，我

20世纪30年代北京宣武门南侧

们称为十姐，嫁给在北京北河沿附近的一邮政局局长于先生，她就是于鼎的母亲，与于是之的母亲是妯娌。

前面说过，父亲来北京时是在师大当一名职员。但在我出生的那年，他经人介绍到当时的中央政府内务部工作，职务是主事。当时这是多大的官我至今不明，可能相当于科长，反正是升了官。好像是我给父亲带来了好运，因此我的小名就叫小升。

权盛里的房子是典型的北京四合院。我记得的我们的房子是这样分配的：三间北房是正房，一明两暗，东面一间是父母亲住，西面一间是大姐和三姐住。南房是两明一暗，明的是客厅，暗的是五哥和气哥住。西屋是厨房。东屋外间存放东西，里间有一大炕，是乾奶奶、我、溥弟和小蒲住。后来小蒲搬到大姐屋，这导致了她后来感染上结核，这是后话。大门开在南屋的东侧，进大门后先有一过道，过道与客厅之间有一门房。

权盛里这个地方至今仍然存在，我到天津工作后还曾多次造访，改革开放后，南边的一排房已拆，盖了大楼。当年出宣武门向南行，过了护城河，西边有一条大街即西河沿，东边一条大街是东河沿。沿着宣武门外大街继续向南走，两侧都是店铺、铁铺、包子铺、当铺、邮政局等。走不多远就到了一条口向西开的一条大街，名为达智桥，当地人管它叫渣渣桥，电影《我这一辈子》就是在这里拍的。如果不向西拐进而继续南行，再走 10 分钟就到菜市口，过去叫校场口，那是当年行刑杀头的地方。

权盛里在达智桥这条街上，是一条东西向的宽街，其北边是一些店铺，还有河南中学等；南边则开了六条胡同，从东向西分别为校场头条、二条、三条、四条、五条和六条。后来西边又开辟了一大片地，就不称为胡同了，名之为校场小六条，校场小六条只是一片延长的地带，并不是一条胡同。权盛里是在其最西边的一片地上盖的一个大的死胡同，其北是一排四合院；其东是一所很大的花园住房，内有一座两层楼的住房，外围有一圈围墙。这所住宅内住着一位美国阔老太太，会弹钢琴。权盛里外有一个大约半个足球场的广场，是大人夏天傍晚出来乘凉、小孩玩耍很好的场所。白天卖东西的、推车送水的、打鼓串街的小商贩、

2003 年秋，离别 80 年后石毓澍重返北京权盛里旧居

淘大粪的、耍猴的等,都会光临这块宝地。广场南侧有一水井,我们就喝这口井的水。其旁为一茶馆,是平民百姓歇脚聚会的地方,拉人力车的、赶大车的、拾粪的都会到这里喝茶休息。茶馆后面是一粪场,主人姓全,大家叫他大全。我们各家的厕所的粪都由他淘走,然后晒干,送到农村当肥料。住在权盛里可以把人生的吃、喝、拉、撒与自然的循环了解得一清二楚。那时人与人的关系很密切,就以大全为例,他家的地方大,盖了一片土房,内有土炕,来取粪的农民如当天回不去,就可以在那住。每年夏季下大雨闹大水时,权盛里常被淹,遇到这种情况我们就逃到大全家的土炕上避难。

权盛里的后面,即西面,是一片荒地,有一个已经关闭多年的玻璃厂,很大,厂房已破旧不堪,还有拆不掉的机器、碎玻璃,到处是尘土,厂房外则杂草丛生,但围墙仍在。每年农历七月十五日盂兰节时, 人们为纪念死去的人,要用点燃的小蜡烛系在一种俗名蒿子的小树上,而玻璃厂的空地上恰恰长了很多蒿子。因此,我们几个孩子就常溜进厂院里去拔蒿子。为了进厂院,我们用声东击西的办法避开看门人,跳入厂内,拔了蒿子就走,有一次我差点儿被看门人抓住腿。

权盛里有 10 所典型的北京四合院,分南、北两部分,两部分之间有一条几十米宽的空地相隔,形成了前面所说的半个足球场大小的广场。北边有 5 个四合院,从一进权盛里的开在东面的大门算起计 1—5 号;南边也有 5 个四合院,从西向东算,分别为6—10号。我们家是路北第一家,所以是1号。

我们的邻居,即2号,是陈二叔与他的大哥同住。陈大爷常犯抽羊角风病,也就是医学上说的癫痫。他平时不好说话,每隔几天就犯病,犯时就随地倒下,四肢挺直抽动,口吐白沫,裤子尿湿。他一犯病就有不少人围观,要赶紧找陈大娘,几分钟后便醒过来,所以陈家人从不去看西医。我对癫痫的认识就是从陈大爷犯病开始的。陈二叔则是一位很精明的人,在一个机关工作,早出晚归,他有一个小孩儿,还负担陈大爷一家的生活。但他不幸中年丧偶,有一年他续弦,轰动了权盛里。我是在二叔的新房里生平第一次闻到香水味儿的。我记得我们几个小孩儿每隔一会儿就进去闻闻,进屋也不说话,就使劲儿吸,二奶奶和二叔不明究竟。我们闻一会儿就跑,隔一会儿又进去闻,出来彼此还交流心得体会。

3号住的是什么人不清楚,但知道是一位阔人的小老婆。她个子小,我们称之为小姨太太。她的特点是夏天每天洗澡。她大喊大叫让老妈子打水,什么水热、水凉……我们只需坐在胡同口就能了解其全过程。

4号住户无可述。5号是一间小公寓,里面住着七八位外地来北京上大学的青年,其中有一位姓关的学提琴的学生,外号大关,常去外面伴奏。还有一位长着黑白相间大胡子的老头,据云他能讲好几国话。晚饭后五哥与这位大胡子老头站在权盛里大门口乘凉时,常用英语交谈。五哥那

时只是初中学生,但他的英语好,大胡子夸五哥的英语比
公寓里的大学生好。大胡子乘凉时一般是穿印条的睡衣,
这是我第一次看到睡衣。我们那时睡觉,乾奶奶叫我们都
脱光,所以我不知道还有为睡觉穿的衣服。

南边的一排房子的住户我记不太清楚,只记得最里面
的 6 号住着两户人家都是四川人。住南房的姓赵,我们称
赵伯伯,但背地里叫他赵老爷。他是一位刚接受完治疗的
疯子,曾在军队干过些年,说话有点愣头愣脑,两眼发直。
现在家赋闲,爱抽大烟,常来找父亲,不但聊天,而且可以
不花钱抽大烟。赵太太原是苏州一妓女,生有三子一女。长
子赵翊与我同学, 后来北京沦陷期间因盗窃被关进监狱,
一个脚趾被冻掉。另一家住北房的是闵老爷,在报馆工作。
闵老爷个儿高,戴眼镜,从来不笑。闵太太胖,说四川话。一
个女儿已上中学,大儿子闵不云后在事业单位工作。其余
几家就记不起来了。

在我上小学前后,家里的生活还是不坏的。父亲升了
官便加了一辆包月车,拉车的叫老周,住在门房,晚上他把
车停在门道。老周当时年龄不过三十左右,南宫人,很老
实,对乾奶奶特别尊重,称张奶奶,过年必磕头拜年。他对
气哥好放屁有独特见解,他认为是盛屁的家伙太浅所致。

对我来说, 童年最好的时光是暑期晚饭后可以与邻居
小朋友一起玩儿到睡觉。经常和我一起玩儿的是小蒲和溥
弟,可能是因年龄相近。白天与溥弟用旧手巾包成球,在南屋
前踢,中午几个男孩儿都挤在南屋打闹。星期天,五哥和气哥

喜欢遛早儿,到附近一个市场买切糕、豆腐脑吃。我也想去,但早上6点我起不来,乾奶奶也不许他们叫我,怕吵醒她。

那时我家中每天午饭是面食(烙饼、面条、馒头等),晚饭是米饭,我们很少到饭馆吃,也很少看电影。父亲和五哥、气哥有时去听京剧,但都不叫我们小孩儿去。一年也许逛一两次公园,春节除在家玩儿骨牌、推牌九外,也常去厂甸、白云观玩儿。

三、小学

我在小学时不是一个好学生,留给我印象最深的是老师的教鞭!

20世纪20年代的小学,教室讲桌上除了放着一盒粉笔和一个板擦之外,还有一根藤子做的教鞭,老师可以用这根鞭子打犯规的学生。不用说,小学生对这个"武器"是很发怵的。

中国过去私塾教育历来只学国文,科举考试只是一篇作文,所以学古文是很重要的。我小的时候,五四运动刚刚过去,在"废科举,办新学"的风气下,在私塾教育之外,兴办了许多公立和私立的新式小学,人们可以选择。私塾多是由一位老师在家里一间屋子里教书,常常是先学《三字经》《论语》，然后是《孟子》《左传》《诗经》等四书五经。一般是一位老师，少则教五六个或七八个孩子，多则十几个，每个孩子每月交几块钱(银元)。有钱的家庭则可请一位老师在家里只教自己的孩子，他们单独负担起老师的"束脩"，即薪水，也就是现在的工资。这种私塾称为家馆。家馆的待遇比较好，课间休息还有点心吃。但是学生都是公子哥，所以很娇气，不但不能打，也不能说，一旦得罪了公子，不但点心没得吃，就连"束脩"也没有了。老师的饭碗丢了，家里就会出现经济危机。当时办得起家馆的家庭只是少数，所以一般家庭是送孩子去私塾，每月交几块钱就够了。私塾的学生多，老师管得就严，旧的教学法认为不打不成才，所以当学生淘气、背不下书时老师就要打。轻者用教鞭抽身上，重者用木板打手心，可以把手打肿。学生为了不挨打，上课时就要死记硬背一些根本不懂的内容。这种教学方法的好处是学生长大后仍能背诵很多成语名句，可以把一套套成语写成文章，但对学科学是没有用的。

小孩儿到了六七岁，家长就面临选择上新式小学还是上私塾的矛盾。这在现在听起来好像有点儿奇怪，但那时人们对新式小学还不太认识，认为上新式小学念书少，时间都被体育、唱歌、手工占了；而上私塾又只会让孩子背"子曰……"，所以家长心里很矛盾。我父亲选择叫我们上小学，但又放不下四书五经，所以白天上小学，晚上他给我们补《论语》，我现在知道的一点《论语》还是那时跟父亲学的。我只跟父亲学过《论语》，没有学过其他的，但在中学学过一点儿《左传》《穀梁传》《古文观止》等。那时人们对于新式小学的误解，主要是由于传统思想的束缚。

北京师大附小是一所很好的学校，我们小学都是在这所学校上的。小学时我与三姐同班，那时气哥已是三年级。每天由老周拉去，中午他用提盒送饭，下午接回。但到我上三年级时，三姐因病休息，我与气哥每天来回步行上学，自己带烙饼。每天上学虽好，但回家后无人督促。父亲每晚给我和气哥讲《论语》，讲得我昏昏欲睡，于是他就责骂。每逢此时都是乾奶奶来解围，把我叫去睡觉才算了事。

那时正常入学年龄是实岁 6 岁，而我是虚岁 6 岁入学，实则是 5 岁，所以我比其他小孩儿小些。那时就理解课本来说，年龄小的在低年级时要差些。我记得一年级第一课的课文是：狗、大狗、小狗，共 5 个字，但我只记住了大和小两个字，"狗"字因笔画多不好记，所以不及格。而三姐比我大 1 岁，5 个字她都记住了，所以她及格了。我没到 6 岁便上学了，并不是因为我聪明，而是因为父亲好打孩子，所以母亲叫我早上学，有点儿避难的性质。但是躲过初一，躲不过十五，我最终还是挨了老师一教鞭。

事情是这样的：二年级时，有一天上算术课，老师一开始就要求心算，他出题后谁先算得就举手，老师叫起立时就要报告得数。我算得慢，所以没举手。但我很羡慕被叫起来的同学，在虚荣心的驱使下我冒了一次险。我想在举手的同时心算，等老师叫我时也许我就算得了，那样我也可以露露脸。于是老师出题后我很快举了手，但被老师叫起时我还没有算得,当然就答不出来。这时他拿着那根可怕的教鞭朝我走来,不由分说狠狠打了我一鞭子。虽然我当时穿的是棉袄,并没感觉打疼,但这一鞭子使我清醒了一辈子。从此以后,我对没想清楚的问题从不敢发言。这件事教育了我一生,使我终生感激老师对我的教导。还是孔子说得对:"知之为知之,不知为不知,是知也。"不要强不知以为知,那样既害己又害人。

事实上,我小学时在班里不算一个好学生,就喜欢下课踢足球,所以成绩处在下游,家长也不过问。其实,家长督促孩子学习可能比给他东西吃更重要。《三字经》说得一点儿不错:"养不教,父之过,教不严,师之惰。"不过,家长对孩子的教育也要讲究方式方法,也不可把孩子管死,那也是不对的。现在家长非常重视孩子教育,但有时又过分了。我常常听到家长们抱怨:外国学校教的东西太浅,考试太简单,功课给得太少云云。课余时间外国孩子们大多数都在做自己喜欢的事,而我们的孩子不是忙于完成父母布置的家庭作业就是"沉浸"在琴棋书画中,不少人在星期天还要送孩子到补习学校学算术、英语。家长们在督促严管的同时,往往忽略掉了孩子教育中最重要的独立性和创造性,反而起到了负面作用。我很欣赏诺贝尔奖得主丁肇中先生的话:在诺贝尔奖得主中学习成绩拔尖的只是少数,大多数都是中间或中下的。做父母的在严管的同时也应该多给孩子们一点儿自由发展的空间。

气哥上学时成绩也是一般,他课余喜欢演剧。他在高小时每逢游艺会,常被指定与同学董世雄(后名蓝马)一同演出,很受同学欢迎。后来两人都成为全国著名演员,不能不承认他们有天分。

五哥是我们最佩服的人,他上的尚志中学,每学期学校寄来的成绩单,每门功课都在 90 分以上。他的字写得好,英文自学得也很好,就是性情倔强,不好说话,不赞成的事并不争吵,但就是不理你。我不明白他为了什么事与姐姐争起来,姐姐要他道歉,他就是不道,从此两人一辈子都不说话,姐姐死时只有他没哭。设想两个十几岁的人之间不会有什么大事,他的倔强性格最后发展到孤僻,影响了一生。

溥弟也是虚岁 6 岁入学,他上的是宣外大街汇文小学。这是一所教会学校,学费高,要求穿制服,但离家近。每星期他们都在权盛里外的广场上练一次队,全校学生穿制服,在洋鼓洋号引导下排队走,很壮观。

由于父亲喜欢京剧,家中买了一把京胡和一把二胡,父亲晚上为我们排演《捉放曹》。我演吕伯奢,五哥演陈宫,气哥演曹操,父亲操琴。我的戏很短,被曹操杀了就完。每次排练乾奶奶就在屋里等到我被"杀"了,就赶忙把我拉走去睡觉。从那时起我就喜欢上了拉胡琴,后来我们长大了,常常是气哥拉京胡,我拉二胡。五哥不会拉,他唱老生,学的马派。

日子一天天过去,人也就长大了。当时北洋政府是张作霖统治时代,北京到处是奉军,他们坐车不给钱,随便打

1947 年石挥与哥哥石开合影

人，北京人对他们的蛮横无理非常痛恨。我 9 岁左右在学校门口看到过高举邵飘萍（中国共产党党员、《京报》创办人，因宣传革命思想 1926 年被北洋政府杀害）的血衣游行。1928 年，国民革命军北伐打到济南时，日本人在济南酿成五三惨案，但未能阻止北伐军前进，张作霖率奉军退出北京，逃往东北，到沈阳附近的皇姑屯时被日本人炸死。

北京政府垮台后，父亲便失业了。当时大批政府人员都失业了，北京市面也萧条了。国民政府定都南京，北京改名为北平。

权盛里生活时代灿烂的一页掀过去了，我的无忧无虑的童年也就结束了！

四、败落

父亲失去了工作，家庭收入没有了，我想他比我们任何人都难过、都着急。他每天四处找工作，但却没有决心戒掉鸦片。他不要人力车了，裁了老周，但老周仍住在门房，白天用铺板和长凳在权盛里外边搭起一个台子，铺上一层白布，摆上汽水、糖果等，卖给来往的人。他每天很早就起床，以便赶早市进货，到 10 点左右才回来。进货回来立即摆摊儿，中午不歇，一直摆到晚饭后才收摊儿，每天也很忙，据说可以维持生活。老周是一个诚实肯干的人，他很少麻烦别人，虽然乾奶奶常帮他做饭，但母亲不许我们买他的东西。因为他不好意思要钱，而我们又不能白吃。所以我们从不到他的摊儿那里玩儿。可是他那里的梨、苹果等很吸引我和气哥，我们便琢磨趁他一早外出办货，门房开窗透气的时候，用一根头上安着小叉子的竹竿叉那些水果。但这要等父亲也出门、母亲和乾奶奶正忙的时候才行。我们只成功叉过一两次，因为怕别人看见，而且有时虽叉到了却拿不上来，白白给水果扎了一些窟窿，结果我们既吃不到，水果也烂了，所以我们放弃了这个"鬼道"。

那个时期不但我们家变穷了，整个北平也变穷了，市面很萧条，权盛里的变化就是一个缩影。2 号的陈大爷不久病故了，这是我第一次听到有人号啕大哭，看到人家抬棺材出殡。债主向二叔讨债，二叔常被逼得说不出话。5 号的大胡子也不见了，晚上卖馄饨的也不来了，只有卖硬面饽饽的夜里还发出几声凄惨的叫卖声，那声音更像是求救的哀鸣。

　　由于父亲失去了工作,只好变卖东西生活。学校的学费常常不能按时交,我有几次因未按时交费而被迫退学,我心中难过极了。家里的吃、穿、用等一切都降低了标准,姐姐看病吃药也受到影响,病情日渐加重,不只是脚流脓,而且咳嗽、发烧,中医说是脚痨,其实就是肺结核。当时虽无抗生素,但如及时看西医,手术切去一根骨头就可痊愈。而由于父母知识和观念所限,仍每天满足于看中医、吃中药、贴膏药,花费也不少,以致这个病还传给了两个妹妹。记得是在我上高小的一个暑期,姐姐的病突然加重,最后故去。这对我们家、对我个人都是很大的事。没有想到死人的事居然轮到我们家,逝者是我的亲姐姐。大姐性情很温和,是我们都喜欢的人,她在家卧床休息时,我们想买零食,忙于家事的母亲就让我们去找姐姐要钱;姐姐要做什么事也叫我们去办。姐姐的病逝令我们全家都十分悲痛,她的尸体从北屋移到西屋,原在西屋的厨房则搬到东屋外间。由于忌讳死人,所以整个北屋都空出来了,父母都住到南屋客厅。过了几天,买来了棺材入殓,当姐姐被放入棺材里,工人盖上棺盖钉钉时,我痛哭得不能自制,我再也见不到姐姐了!也许除父母外,我是最难过的人了。又过了些日子,老家来人,将棺材用火车运到杨柳青埋葬,之后很长一段时间里全家都笼罩在悲哀中。直到现在我都时常想她,她入殓时的情景至今仍历历在目。

　　俗话说"福不双至,祸不单行"。有一天早晨我睡醒时,突然感到两条腿都不能动了,要想从床挪到椅子上,必须由五哥或气哥背才行,这可把我和母亲急坏了。当时并没有想到要看医生,而是想到权盛里外有一修鞋的瘸子,他小时曾得过这种病(看来是小儿麻痹)。根据瘸子的"医嘱",每天要用酒精搓大腿几次,这活儿就由五哥来干。你也别说,一星期后我的腿开始能活动了,又过些日子居然能下地自行走路了。我们大家都很高兴,而最大的功劳自然属于鞋匠瘸子了,他的声名一下震了整个权盛里。当然,现在看来有少数患小儿麻痹的人是可以自行恢复的。病好后,我们买了礼品去看他,他除了表示谦让外,还告诉我学英文的绝招,即买一本字典,每天记 5 个字,一年就会看书。不过我没有那种毅力。

自从姐姐离开我们,北屋一直空着,西屋放过棺材,所以也不好住人。又想到生活的架子也应当放下,所以父母决定要搬家。这时老周也想放弃做小生意回南宫谋生。在我 12 岁那年,我们搬到校场六条 1 号,那也是个四合院,但规模小些,房租也少些。实际当时很多邻居因受到政府南迁的影响都搬走了,我前面提到的在权盛里住的闵老爷一家因失业,也搬到四川会馆,后来邻居赵老爷也住进去了。清朝时北京有很多省的会馆为来赶考、做生意的人提供住宿方便,科举废除后,会馆就成了救济各省穷人的地方,因为住房不要钱。

小学毕业后我上了一个叫补公中学的学校,不久该校合并到五三中学,在宣武门内;弟弟上了二十一小学;气哥上了河南中学。这些学校收费低,教学质量也不高,都是为了图离家近,省了很多钱。

五哥中学毕业后因家里经济条件无力支持他上大学,于是他上了天津电报学校,这有些可惜,因为他的功课很好。那时电报业刚兴起,为培养收发报人才,天津租界里办起了电报学校,学业两年。当时家里支持他上这个学校,也是希望他毕业后能找到工作,这对他和全家都好。在一个贫穷的家庭,当哥哥牺牲了自己学习的机会,对我们来说内心中除了感动也有一份激励,惭愧的是我没有对他报答。

记得是在一个星期天,我们全家从权盛里搬到了校场六条,这相距旧居很近,走路也不过 5 分钟。我们家具不多,如果借一辆排子车自己拉几次就搬完了,但是我们的架子还放不下,就花钱雇人搬了。

这个新居的大门新刷了油漆,红色的大门上贴了一副常见的对联:"忠厚传家久,诗书继世长",但是一进门就闻到一股馊饭的味儿。我们七手八脚把铺搭好,桌椅摆开,当然我还是和乾奶奶在一个炕上睡。搬到新居我们没有一点儿新鲜感,因为都清楚家里的生活水平在下降,更不幸的是姐姐结核病的影响还没完结,这个病已经传染给了另外两个姐妹。当时重点病人是三姐,她也发烧、咳嗽,这次母亲带她去了协和医院看病。经过 X 光检查,诊断为肺结核,不到一年就去世了。这次丧事办得简单,买了一口棺材,送到永定门外墓地就埋葬了。大约不到半年,妹妹小蒲病重,经协和医院诊断为粟粒性肺结核,后来转为结核性脑膜炎,不久也去世。一个母亲接连失去三个女儿,可以说伤透了心！这时，宣武门洞有一个算命的对母亲说，那三个女儿是来要账的，她们走了，你们今后的生活会好了。

事情真让他说着了。有一天，父亲看报发现北平新成立一短波无线电台，正招聘电报员。于是立即给五哥写信，叫他速来报名应试。没几天五哥就回到北平，报名的人很多，只取一名，五哥竟然被录取。他中英文都好，又经天津电报学校培训近两年，这样的人当时也不好找。电台设在中南海内，那时中南海是对外开放的，就如同中山公园一样。电台是属于政府的事业，虽然薪金高不到父亲的水平，但管吃住，这对他、对全家都帮助不小。这在当时确是一大喜事，父母非常高兴，有一天带全家买票逛了一次中南海，遥望了一眼无线电台。

五哥找到工作虽然是件好事，但家庭经济情况也只是略有好转，因为父亲的鸦片瘾是个无底洞。不久，北宁铁路局招收几十名车童，就是现在的列车员，气哥去报了名，被录取了，随后到天津报到，参加培训。几个月后，气哥开始上车工作了，每星期往返于北平至沈阳之间，工作很辛苦，但解决了自己的生活，也给家里不少帮助。

社会上的事也像生物界一样不是静止不变的，而且是不由个人意志变化的。五哥的工作很顺利，接收短波及翻译很快，受到客户的赞许。当时的用户都是各省市的头头，其中有一位是当时察哈尔省政府的人。此人有一天专门来找五哥，说到他们省每天来北平打电报实在不方便，因此省政府打算在张家口自己架设一部电台，想请五哥到张家口去工作，职务是省政府机要秘书，月薪也高。五哥答应考虑后再答复。此事经与父亲母亲商量后，认为去是上策。于是五哥就去了张家口，当上了察省主席刘翼飞的机要秘书，那年他24岁。看来那时当个官儿也不太难，只要你有一手技能。五哥从此离开家，一人在外闯荡，再也没有回家住。

五哥还在北平工作时，认识了一位女士。那时正兴起自由恋爱，这种事本是正常的。他到张家口后，二人仍常通信。不料父亲发现他们通信后，认为没有得到父母同意就谈恋爱，是大逆不道的事。于是不问青红皂白，自己给女方写信，要求她终止与五哥的来往。这中间经过什么挫折我就不清楚了，但最后二人的关系算是中断了。这件事对五哥的打击很大，以后与家里的关系就疏远了。虽到月给家里寄钱，但很少回北平，也不再与家里谈婚姻的事。母亲多次与他谈婚事，但他都不作答，后来一直到四十多岁才结婚。我认为家里很对不起他。五哥是一个很倔强的人，他从不对我们谈及此事，也从不埋怨别人，他是个有事不求人、有苦自己吃的人。

此时气哥的工作也有变动，他常年在来往于北平至沈阳的铁路上跑车，与铁路各站的人都很熟悉。打虎山站的站长看到气哥为人很诚实，又有中学文化，正赶上该站缺一个办事员，于是征得气哥同意，就向铁路局提出调气哥到站内工作。这样，气哥的工作条件得到改善，不必在车上做劳累的工作了。但有一利就有一弊，他也就不能经常回家了。由于五哥和气哥不能经常回家了,家里收入也少了,我们再也不能像过去那样生活了,买米就不能买一包(100斤),只好零买,每次买5斤、10斤;买面也不能买一袋(40斤),每次买两三斤;买煤球常给不起钱,只能赊欠。这样,到年底时,房东、煤铺等不断来要账,我们学会了轮流抵挡。只要挡过大年三十,就算又缓下来了。但人家也就不再赊欠了,铺子门口写着"前账未清,免开尊口"。

这个时期,鉴于家中常住的只有父母、我和弟弟,乾奶奶打算回老家养老,虽然她与我们有几十年的感情,也知道杨柳青老家的生活比北平差很多,但她看到我们家境日衰,不愿增加我们的负担,又兼年老,便回了老家。这样,我们决定减少住房,不能再住独门独院了。经过努力找到了校场四条28号的房子,那里有三间西屋可住人,另有两间南屋可当厨房。大约在1931年春我们就搬到那里。从此,我们的架子算是放下了——住在大杂院儿里了。

五、挣扎

校场四条是一条南北方向的胡同,28号是路东的门,所以正房是东屋,由房东黄先生住。黄先生身体很好,从言谈举止看不像知识分子,可能是一个商人。不管怎说,他有

25

钱,生活很富有,有自己的房子。黄太太说话嗓门儿和黄先生一样高,即使俩人在屋里说话,我们在西屋也可以听到,是之谓财大气粗。黄太太有一个吸毒的弟弟,流落在小店,常来要钱。这对夫妇没有孩子,现在的20岁的儿子是自小抱养的,名叫黄少彭。这个名字不是我问出来的,而是他自己报出来的。他见人的习惯是一字一字地报自己的名字:黄—少—彭。我们听多了就记住了。这位20岁的青年虽已结婚,并有一小孩,但他并未工作。据他的回忆,他曾与五哥在小学同过学。黄先生住正房,少彭则只能住偏房,但是北房。我们称他大哥,当然他的太太就被称作大嫂了。人们住大杂院儿就得近乎点儿。

我们住的西屋在夏天西晒,这还不要紧,麻烦的是院内没有厕所,必须走几分钟到公共厕所去大小便。这里的住户都没有自己的厕所,而且很少人住独门独院,厕所便成为大家聚会的地方。蹲坑时把裤腰带往脖子上一搭,然后大家互相搭话。厕所里臭是真臭,但闻惯了也就行了。

都住在一个院内,打头碰脸就要说话。从谈话中知道黄先生在吉林有生意,他在当地也认识不少人,因此父亲就托他在吉林找工作。不久他还真给找到一个工作,是在法院当文书。父亲在家赋闲多年,即使出远门也愿前往,以后有别的机会时再改换。这就是所谓骑马找马。不久父亲就与黄先生一同前往吉林,工作虽不理想,但每月可给家寄点儿钱,对家里有不小的帮助。父亲走后家中只有母亲、我和弟弟仨人了。

但是人算不如天算,父亲走后我们的心就没有一天松快过。就在1931年9月19日,我们正在家看书时,就听到门外叫卖号外之声。起先我们并未注意,因为那些年常有叫卖号外的。但这次有点儿特别——叫卖声不停。我到门外花钱买了一张,一看吓我一跳:日本昨夜占领沈阳!这就是九一八事变。这天晚上张学良正在北平看京剧。蒋介石领导的国民政府训令张学良采取不抵抗政策。不抵抗怎么还叫政策?以后我天天到宣外大街的北平晨报社报栏去看不花钱的报,了解到日本在继续扩大战争,不到一年就已把整个东北都占领了。

大约在1932年春,气哥由于不愿受日本人的气,想离开东北,但不容易。他只好向铁路局谎称母亲有病须到北平护理,这才得到批准离职。这样,北平的家里有四个人了。而自日本占领东北后,就得不到父亲的信,去的信或许他也收不到,当然,我们自然也得不到来自吉林的汇款了。幸亏五哥已经毕业有了薪水,对家里生活有些帮助。

时间过得真快,过了差不多一年仍没接到父亲的信,我们非常惦念,是否会有什么不幸?至于家中生活就全靠把东西一件件卖出去,或送当铺当出。当然房租也就交不出。这黄太太很了解,也谅解,她并不催我们。这时期黄先生也在东北,黄太太一个人住在东房。不久,记不清是什么原因,黄太太就一病不起,后来竟一命呜呼。黄先生回来办丧事,借此机会我们问起父亲的情况,他只说父亲很安全,工作尚好,他还透露我们不要指望父亲给我们寄钱养家,但他并没说原因。后来丧事办完，他就回吉林了。少彭才透露给我们，说父亲在吉林与一个女人同居了，并已有了一个小孩儿。这个消息对我们来说是晴天霹雳，比九一八事变还厉害，对母亲的打击更大。今后我们的生活可以说是要在黑暗中摸索了，我们不知命运之船将驶向何方。从这件事看，我发现母亲是一位很坚强的人，我从未见到她哭过，也未听到她说过埋怨或痛恨父亲的话。她只是默默地生活、劳动，好像更坚强了，带着我们努力活下去。我们对母亲的爱更深了。父亲大约于 1948 年逝世于吉林省德惠县（现德惠市）。

黄先生走后，少彭就成了一家之主，搬到正房去住了，北屋搬来了一位少彭的朋友。这位黄少爷每天上午 10 点多才起床，吃完饭后就出去走走，晚饭后请来一位老师和几位朋友教唱京剧，每天是《捉放曹》，唱到 11 点才散。紧接着就是与几位有钱的人，都是游手好闲的纨绔子弟，一起打麻将、打闹吃喝，一直闹到凌晨二三点才睡觉。在那个时代，在京津一带都有一些旗人、阔少，每天无所事事，只是寻欢作乐。那时电灯已很普及，但我们还是点煤油灯，这样可以省钱，也免得到时又交电费。我那时虽只是十四五岁，但已经可为家事操心，是母亲的帮手。穷人的孩子早当家嘛。

气哥回到家中后就努力找工作，什么办法都想过。有一天从报上看到一位牙医找学徒，乃去求见。原来这是一个朝鲜的牙医，其实他是想找一个小伙计伺候他。气哥弄明白因由后就不干了。后来他又去找他的正从事话剧的老同学董世雄,那时他已改名蓝马。俩人交谈后,气哥决定请他介绍到一家话剧团去试试看。从此,他就跟话剧结下了不解之缘,并改名石挥。虽然他最喜欢是当演员上台演戏,但那时他只能干场上的勤杂工作。那时北平因经济萧条,生活维艰,人们整日忙于生计,谁还有心看戏,所以话剧很难发展。仅靠门票的收入维持剧团生存很艰难,但对挥兄(气哥)来说,至少暂时解决了他的吃饭问题。

苦苦挣扎的生活成了不交房租理所当然的理由。黄太太故去了,黄先生远客他乡,少彭更不管这档子事。那时我初中毕业,找工作很难,气哥就是一现成的例子。母亲也想到,要脱离当前的困境,唯有更高一点儿的学历才好找到工作。但我们又没有钱交学费,只能想法找收费不高的学校才好升学。在暑期中有一位叫李世洵的同学来找我,问我是否愿意和他一同去考中法大学高中,那里学费不高,但教学质量很好。经母亲同意,便去投考,我们竟然都被录取了。与此同时,弟弟也考上了附近的牛街中学。

升学是好事,但困难也就跟着来了:学校在东皇城根,在沙滩北边,从家走到学校要一个半小时,来回就得三个小时。坐电车没有钱,更没有自行车。另外,弟弟的学校要求穿制服,一套制服要六七元钱。那时1元可换360个左右的铜板(即小铜子儿),相当180个大子儿。母亲每天给我30个大子儿为午饭用,相当大约1.5角左右。做一套制服需要一千一二百个大子儿,这对我们家来说太困难了,所以实在无法对母亲开口。我只好每天不吃午饭,用节省下来的饭钱给弟弟做了一套制服。那几个月我中午不吃饭,下课后又要走一个半小时回家,到家后就一点儿劲儿也没有了。

人们常说困境知发奋。身处困境的我看着眼前艰难的生活,引起我很多深思:生活这么难还要上学,这是为了什么?我的家庭很贫困,母亲又经历了多次挫折,但还要我上学读书,我如果不好好学习,怎能对得起母亲?过去我上小学、初中时并不是一个好学生,不知道用功,现在真有些懊悔,今后只有努力学习才能报答母亲的养育之恩,也就是从那时起我才懂得要发愤读书。

大约在1943年,黄先生从吉林回到北平,目的是续弦,然后与太太一同回吉林。看来少彭的好日子长不了啦。果然,黄先生婚后当然住正房(东屋),少彭的京戏、麻将也都收起来了。有一天,新的黄太太找母亲谈我们住房的事。她了解我们的情况,便提出我们多年欠他们的房租不想要了,但希望我们搬家,因为他们要卖掉这所房子,然后夫妇一同去吉林。这对我们来说是一个很好的解决方法,我们也求之不得。一方面,这几年所欠房租少说也有几百元,我们无论如何也还不起;另一方面,我的学校在东城,弟弟不久要上高级职校,也在东城,挥兄的剧团也在东城,所以我们同意黄太太的意见,并积极到东城去找房。最后我们找到弓弦胡同内黄米胡同1号的房子,这是一所大院子的外院,里院住着房东,他们是东北人。外院有三间东房,没有厨房,但有一个属于自己的小院子,即虽非独门,却是独院。母亲和弟弟住里屋,我和挥兄住外屋,厨房也在外屋,夏天则可在外面院子里做饭。里院有女厕所,但无男厕所。由于住房离中法大学很近,我们就到那里上厕所,还是抽水马桶。我们的生活又找到了新的平衡。几年后我们经济好转,把欠的房钱都还给少彭了。

六、舅爷

　　"少彭,少彭!"随着一阵急促的嘭嘭的叫门声,打破了我正在读书的安静,但是少彭并不急于去开这个四合院的大门。少彭是我们房东黄老爷唯一的儿子,其实还不是亲生的。黄老太太不知有什么病从来没有怀过孕,就在22年前抱养了这位少彭,指望能传宗接代、颐养天年。两年前黄家为这位少爷完了婚,去年还生了一子,这样组成的家庭居然也是祖孙三代。还有这所四合院,另外有些存款,日子过得宽绰有余,其乐融融。这在20世纪30年代的北平是不多见的。

　　我们是在秋天搬来的,就住在这所四合院临街一侧的西屋。黄老爷和黄太太住正房,即东房,少彭夫妇和他们的小孩儿住北房。大门开在我们的西房的南端,所以拍门的声音我们听得最清楚。

世间的事从来就没有完整无缺的。黄老太太本是旗人的后裔，娘家生活小康。她有一位兄弟，本是宗室的传人，过去他每月可以按清政府的规定领旗人的月俸金，而不必工作，因此自幼养成饭来张口、衣来伸手的游手好闲生活习惯。当时北京很多旗人的后裔就是在这种规定下变成毫无技能的人，他们一天天闲着没事干，既不愿读书，也不会劳动，好吃懒做。学琴棋书画、学唱戏的还算是好样的，多数是提笼架鸟或寻花问柳。这些八旗子弟本指望这样的日子会代代传下去，但是孙中山领导的革命成功了，清王朝覆灭改为民国了，旗人领了二百多年的钱粮也随之被取消了，八旗子弟的生活就陷入了困境。这些人遂成了北平的特产，也是笑料。

黄老太太的兄弟就是一位肩不能挑担、手不能提篮的八旗少爷，我们不知道他叫什么名字，就随着黄家的人叫他"舅爷"。当时已经近四十岁的舅爷，一无所长，认字也不多，连封信也不会写。当然他也没有什么人可通信。他从二十几岁起就与一群人吃喝玩乐，还染上了抽大烟的毛病。人一旦抽鸦片烟上了瘾，很难停下来，家里所有的积蓄也就随着大烟而烟消云散了。

为了"与时俱进"，从未成婚的舅爷从抽鸦片也发展到抽白面了，因此生活越来越紧，吃喝都没了着落。但抽白面的瘾却不能停，抽得家徒四壁，一贫如洗。尽管如此，他的毒瘾还在升级，不久从抽白面升级到打吗啡针了。注射吗啡解决毒瘾要快多了,但需要量也越来越大。他最后连房子都卖了,没有了住处,真是到了身无立锥之地的地步。

这时,堕落到连人格都没有了的舅爷想起来他的姐姐黄老太太。舅爷不是那种怕面子上过不去的人,于是隔三岔五地就找姐姐来要钱。他每次来都是在黄昏的时候,太阳刚落天色又不太黑,这时家家都忙着做饭,街上的人也不多,这正是舅爷"大展拳脚"的最佳时机。他并不怕自己没面子,所怕的是姐姐丢面子,因为姐姐丢了面子他就得不到钱了。在我们搬到这里来以前,舅爷就已经断断续续地来过一年多了。这次拍门声是我们搬来后不到一个星期听到的。

"少彭,少彭!"哀求的叫喊声与拍门声仍不停。少彭终于去开门了,并随着笑声叫了一声"舅舅",紧接着舅爷就提出要钱。少彭不敢答应,也不敢拒绝,照例要回禀母亲。舅爷并不要饭吃,只是要钱。黄老太太一般是不见这位可怜也可气的弟弟的,只是隔着院子把舅爷骂一顿,什么"没出息、不要脸、缺了德了"的话数落不停。她知道不能骂得太狠,因为那等于骂了自己。骂完后交给少彭一两块钱转给舅爷,并告他以后别再来。黄老爷是不参与的,他不见舅爷,也不拒绝给钱,好像没有这回事一样。舅爷拿了钱高兴地回小店打吗啡针了。但没过几天,又来敲门要钱,同样的剧本不断重演。

我们与黄老太太住同院儿,天天打头碰脸,不会主动与黄老太太谈及舅爷的事,因为那会使她感到不快。但有一天她却主动向我们提起,我们才了解舅爷的处境。我们劝她收留这位弟弟,强迫他戒除毒品。可能我们的建议有一定效果。春节后不久舅爷离开小店,住到了黄家的厨房。

我们初见这位瘾君子虽然还不到四十岁,但毒品的作用和很少洗脸使他瘦小的脸蒙上一层灰土色,头发像鸡窝那样乱而腥臭,穿着一身露了棉花的小棉袄和棉裤,光着的脚跐拉着一双破鞋,看上去比叫花子还丑陋。黄老太太给了他一身干净的衣服,叫他出去洗了澡、理了发。真是人配衣裳马配鞍,洗澡回来的舅爷变成了另一个人。他刚来时每天早早起来扫院子、倒土、挑水等,干得很好。他从不出门,也不与人说话,但没几天他就不愿意干了。我们猜想他是毒瘾犯了,而他却说是在家里闷的,要求出去遛遛。这当然是合理的要求。他出去一趟回来后,果然精神十足,劳动卖力。以后成了常规,天天外出遛弯。一来二去老太太发现抽屉里的钱少了,原来舅爷偷了钱每天外出打吗啡。这下惹翻了老太太,把舅爷赶出门,叫他不许再回来。

舅爷离开了姐姐真再也没有回来。黄老太太很讨厌舅爷来要钱,但他要是老不来又不放心,觉得少了点儿什么。老太太也后悔没有帮舅爷戒了毒,更不该因为一点儿钱就断送了姐弟的关系。于是就叫少彭到宣武门外的一些小店去寻找这位可怜又可恨的舅爷。北平的小店很多,所谓宣武门外实际也包括永定门,在这么大的范围去找一个人实在困难。大约舅爷出走了半年之后,有一天我们所住地方的派出所一位户籍警来找黄老太太,通知她的弟弟已经故去了。警察是按舅爷住小店时登记的关系人找来的，说可以自家人去埋葬，也可出钱由警察找人埋葬，地点在永定门外坟地，实际就是乱土岗子。老太太想了想，还是请警察代办吧。警察走后，黄老太太痛哭了一场。这一则是因为失去了世上唯一的亲人而感到悲伤；另一则她也是唯一能为舅爷哭送的人。不管怎么说，她还是惦念舅爷的。

舅爷走完了他的一生，从此永别了人世，也永远戒了吗啡瘾。一年以后，黄老太太也因病离开了人世。

七、转折

靠着五哥的少许接济，我们能按月交房租了，但房东的脸色还是随时提醒我们不要忘记交钱；加之父亲在东北发生的事，令我们对东北房东有些反感，母亲心情一直不好。住了不到一年，母亲得了黄疸，现在看来是肝炎，母亲认为是房东气的。母亲的身体很重要，于是我们又找房搬家。最后找到东四六条 56 号的三间南房，两明一暗，有电灯。母亲和弟弟住里屋，我和挥兄住外屋，外屋也是厨房。我那时已考上中法大学医预科，功课很重，每晚要念书到十一二点。我在这里生活了一年多，1937 年 6 月，我通过医预科考试并获得了奖学金，不久便前往法国留学了。

我走后，家中只有母亲、挥兄和弟弟仨人了。不久，挥兄与几个朋友一同到上海参加了中国旅行剧团，后来到上海剧艺社，在黄佐临导演手下工作，慢慢赚了些钱可补贴家用。弟弟于我走后一年考上北京大学工学院，年年得奖学金，四年后大学毕业，有了工作。这时家里的生活有了很大转机，至少不会挨饿了。这时由于抗战军兴，五哥不能与家通信，更不能汇钱，但气哥(挥兄)与弟弟的收入足以养家了，借的债也慢慢还清了。我们终于挣脱了贫困的枷锁，母亲的功劳是第一位的。不识字的母亲能在生活极端困难的条件下，培养出我和弟弟两个大学生，从而改变了我们后来的生活状况，可以说，她让我们靠获得高学历而谋生的想法是很正确的。然而，五哥和气哥都因家庭经济条件所限没上成大学，只是中学毕业，实在令人惋惜。但我不会忘记两个哥哥为家里做出的贡献。这里我要追忆他们的一些生活片断以寄托我的哀思。

在我离开北平后，鉴于北方已被日本侵占，挥兄便与几个搞话剧的朋友一同到上海谋发展。他先加入中国旅行剧团，团长唐槐秋接收了他，但只能当个配角，这也是可以理解的事。后来他又加入到苦干剧团，导演是刚由英国回来的黄佐临。黄佐临在天津新学书院上学时就爱上了戏剧，所以对天津颇有感情。挥兄在这个剧团里学到了真正的话剧，又兼有丹尼、张伐、黄宗江等名演员，演出盛极一时。石挥的艺术天才在那里渐渐得到了发挥，最终在上海摘得了"话剧皇帝"的桂冠。我1945年回国时曾在上海看到他演的话剧《蜕变》。那是我看到他演出的唯一的一场话剧，可以说非常精彩。从报道看，他演的许多戏都是很成功的。他演的话剧主要有：《大马戏团》《秋海棠》《梁上君子》《林冲》等。

1946年起，他开始从话剧转向电影，先是演员，后来当导演，都很有成绩。1947年，我从天津去昆明工作，在上海转乘飞机，与挥兄一起到南京看望了五哥。我们仁一同看了电影《假凤虚凰》，那时这个影片曾引起理发业的抗议，闹得沸沸扬扬，但从电影角度来说却非常成功。挥兄主演的影片有：《乱世风光》《太太万岁》《夜店》《艳阳天》《腐蚀》《关连长》《我这一辈子》等，导演的影片有：《母亲》《关连长》《鸡毛信》《天仙配》《我这一辈子》《雾海夜航》等。

1957年反右运动开始了，母亲也许从一些人的口中听到挥兄受到批判，她曾多次来信问我有关他的消息。我回信说：没有，他最近很忙。母亲问过几次有没有来信后，也就不再问了，而且也不再提及挥兄，我想她可能知道了一些情况。闷在心里不说是她的性格，以后对开兄（五哥）的消息也是不再问了。甚至在"文化大革命"中我被批斗，她一定也会有所耳闻，但从不问我。

挥兄的一生是非常辉煌的，在艰苦的条件下生活、学习，奋勇地改变自己的命运，最终取得成功，成为闻名全国的演剧及导演的名家。他没有上过大学，但在北平时，剧团解散后，他一面在真光影院小卖部打工，一面上青年会的英文夜校，竟然掌握了英文；在上海时翻译了一本关于话剧的英文专著。从这一点来看，他有多么大的毅力啊！无

疑,天才也是有的,他导演《我这一辈子》时,年仅 38 岁,而
这是他最成功的一部电影。1995 年,在纪念世界电影发明
100 周年时,他被评为"世纪男演员",同时被评为"中华影
星"。人民没有忘记他,这也是他应得到的。

挥兄深深地爱着母亲,在父母的问题上他明显地站在
母亲的一边。但父亲总归是父亲,1945 年,我回国后不久,
父亲给北平的母亲和弟弟去了一封信,表示愿回北平家里
一起住。挥兄力主可以回来,母亲可以原谅一切,但必须与
吉林德惠的一家断绝关系。这个意见得到母亲的同意,但
父亲断不了与那个家的关系,所以最终没能回来,以后就
失去了联系。

五哥从中央军校毕业后就在军队工作,抗日战争中他
参加过古北口战役;在整个抗日战争期间,他一直在军队
中从事辎重运输工作,直到胜利。1948 年看到国民党必
败,在与挥兄商量后,拒绝去台湾,而毅然离开国防部搬到
上海,从事电影编剧工作。在此期间,他参加了《我这一辈
子》的编剧,笔名杨柳青,并获得成功。上海解放后,他按规
定向公安局报到,并参加学习、写材料。公安局认为他交代
得好,被树立为学习的榜样。之后,他回文华电影厂继续工
作。到 1955 年突然遭到逮捕,并很快被送到青海去劳动。
大约是 1958 年从五嫂的来信中知道他已病故。上海的派
出所送来一点儿所谓遗物,也未说明死亡原因、日期。一个
人的一生就这样结束了。后来五嫂因在擦地时摔伤而突然
病故,留下两个男孩:建年和选年。多亏邻居薛妈妈一家的

抚育和无微不至的照顾，才长大成人，直到中学毕业。现在都已结婚，在上海工作。

八、母亲

1966年，"文化大革命"开始了，我被视为"反动学术权威"，因而家被多次查抄。这不仅是物质上的损失，而且精神也受到冲击，对年老的母亲及小孩儿也造成了精神伤害。母亲从来不问我医院的情况，可能怕引起我的不安。1967年9月的一天夜间，我听到隔壁母亲的房间里有响声，急忙过去看望。看到母亲躺在地上，但神志清楚。母亲说是她下地坐便盆后忽然感到没有力气上床了，所以摔倒在地上。我将母亲扶上床安顿好后便回屋睡觉。次日一早我起床后去看母亲，她又躺在地上。我感到事情严重，将她扶上床后，又把她的睡裤和床单洗了，并嘱咐她不要再下地大小便，并从这天起我每天守着她。那时运动正在高潮，我无法送她去医院看病，更不用说住院了，还不如在家住。从病情看很可能是心肌梗死，但只能靠临床检查，而无法做心电图。这时期保姆已带着两个小孩儿回到她乡下的家里，母亲由我与妻子季鸿护理。9月12日，保姆与小孩儿回来了，母亲的情况也渐平稳。24日上午，她叫女儿伟年给她梳头，但忽然倒在床上，再呼叫时已不能答应。伟年急叫我们，我们到时发现母亲已停止呼吸、心脏停搏。从此母亲离开了我们，也离开了人世。一个医生不能让自己的母亲住院治病，令我内心很感惭愧。

母亲生前的愿望是不要火葬，要土葬，并一再嘱咐我，所以她逝世后，我首先想到的是想办法满足她的遗愿。为此，我找表弟沈跃彬商量可否葬到沈家坟地，但表弟说沈家坟地也不能葬了。他认识一位张大嫂，是给沈家看坟地的家属，住在天津西郊张家窝，可请她想想办法。经与张大嫂商量，她同意将母亲葬在她家的田地里，但要深埋两米多，而且不要立碑，这样不影响种地，也避免被"造反队"发现。我们同意了。为了避免惊动邻居，决定于9月27日凌晨用张大嫂的马车来我们住的建国大楼将母亲的遗体接到安葬地。那天凌晨我与表弟跃彬随同坐在马车上，将母亲送到王顶堤张大嫂的田地里。季鸿留在家里，对保姆说是送到殡仪馆。在这以前我也通知了毓溥兄，并电告毓湾来津参加葬礼。当我们到王顶堤时天色已亮，也没有遇到"造反队"，我们悬着的心才算放下。车到张大嫂的田地后，要解决的问题是尽快买一口棺材。那年月想买口棺材谈何容易？正好张大嫂的爷爷有一口多年的寿材，每年上一道漆，已有几年了。经商量后我们先将其买下，并立即上了一道漆。实际上我在1965年就已为母亲买好了一口寿材，存放在一个人家中，但1966年夏"文革"开始后，在"破四旧"中我们家被抄，我在单位被批斗，也就无法了解棺材是否

石太夫人之墓。碑文：石太夫人，沈氏树珍，1887 年夏历二月初五日生于天津。十九岁与绍廉公结婚。育有子女八人：毓滋（女）、毓浔、毓溥、毓涛（石挥）、毓渶（女）、毓澍、毓蒲（女）及毓溥。一生关爱子女，嘉言懿行。1967 年 9 月 24 日因心脏病逝世。

还在。直到需要的时候，才知道寿材早已被抄走了。下午 3 时左右漆干了，季鸿陪着毓溥和正年也赶到了，于是入殓、下葬。棺材头部写着：石沈树珍太夫人，1887—1967。我们一直等到土埋到与地面平了才离开。下葬后我特别记下埋葬的地点，那块地从北到南单排有大约五六棵树，埋葬的地点是最南端的两棵树之间。这件事一直没敢与任何人说，以后我又去看过几次，两年后跃彬的父亲（即我的舅舅）去世也葬在这附近。

2002 年，我得知母亲坟地的所在地将规划建造楼房。这个消息促使我们下决心迁坟，同时想到也要为石挥建一个墓。石挥在事业上很有成就，报纸、电视等不断有关于他的艺术成就的报道，但他就像是一个在天空中的幽灵、一个影子，始终没有落脚点。他的妻子在他去世后已再婚，从未与我们联系过；他又无后人，只有我是他仍在世的亲人。

于是我决定为他建一个衣冠冢墓地，陪伴在母亲身旁。几经努力，在 2004 年终于在杨柳青附近的西城寝园公墓为母亲与石挥建造了墓地，使他们得以安息。

九、家庭

我是 1953 年 11 月 1 日与张季鸿女士结婚的，那年我已 35 岁，按习惯已是晚婚。我之所以结婚晚是多个原因造成的。其一是我虽然在国外学习多年，但并没有留在法国的想法，尽管曾有一位生化系的女教师想与我交朋友，但我无意与她深交，因为我深知要做临床工作必须回到国内，而回国后能否找到合适工作，生活又如何，连我都不清楚，所以不愿找这个负担，因而作罢。更何况我内心深深想念着我的母亲，所以也不想与法国人结婚。出于同样的理由，我也不想找一位女留学生结婚，况且那些女同学都比我年龄大，也没有人看得上我。其二是我刚回国后那几年，一直想找一家理想的医院工作，先在天津，后去昆明，后又回天津。这种不安定的情况也难以成家，所以我决心先找好工作，安定后再考虑结婚。

我与季鸿是 1951 年开始来往的，但我第一次看见她是在 1947 年。由于她的大姐张初鸿是我的同学于道文的妻子，他们1946—1948年也在天津工作，那时我们常见面。1947年夏，我离津坐船经上海去昆明时，大姐让我给她上海的家里带一筐天津鸭梨，因天气很热，一路上鸭梨不断烂，以致到上海时只剩下半筐了。我按地址将鸭梨送到张府上时，正值季鸿在楼下，我把梨交给她后便转身告辞。那时季鸿正在读大学，她那少女动人的容貌给我留下了深刻的印象。

人不能不相信缘分。我于1951年又回到天津工作，母亲和弟弟仍住北京，我大约每两个星期要回一次北京，而我在天津总不免要去看望于道文夫妇。这时季鸿已从济南调到北京协和医院工作，经道文夫妇介绍，我与季鸿经常见面。1951年，朝鲜战争中美军在朝鲜和中国东北投放了细菌弹，引起国际上的反对。为反细菌战，我于1952年夏被调参加国际考察团去做法文翻译工作，我们小组工作地点在北京协和医学院解剖实验室，这又给了我和季鸿见面的机会。我俩情投意合，深感相见恨晚。经过多次"申请"，经过她对我多方面的"考验"，最后同意与我结婚。但据说她母亲很不赞成她和我结婚，认为我的条件不够好，其实我也承认我不是十全十美的人。于是季鸿除劝说她母亲外，还给喜爱音乐的母亲哼哼李斯特的钢琴曲《爱之梦》，最后她老人家才同意。音乐真能改变人！但1952年年底我又要出国参加世界和平大会，揭露美军搞的细菌战的事，所以直到1953年春回国后，我们才考虑结婚之事。我们是在1953年11月1日结的婚，在北京东单的一个地方登记，然后在欧美同学会宴请两家人和几个老同学,算是办了婚宴。从此我就算有家了。

我那时大约每两个星期回北京一次,但因我在天津工作,所以想等季鸿升任主治医生后再调往天津,把自己的小家庭设在天津,在这期间我努力向所在的工作单位天津总医院申请住房。1955 年 7 月 20 日,我们的第一个女儿降生了,那年正是中国第一个伟大的五年计划开始年,因此起名为伟年(这一代人在石家都排"年"字)。1956 年夏,天津医学院在河西区八里台盖了一些房子,名为建国大楼,我申请得到一套四间的单元,我们就搬了进去。随后,初鸿大姐把伟年送到天津。终于成了家,我们请了一位保姆帮助看孩子、做饭等,母亲也于 1957 年来天津长住。季鸿被范权院长要去到新建的儿童医院上班,我们的生活逐渐走上正轨。1957 年 7 月 13 日,第二个女儿降生,因那年正是提出总路线的一年,故名为路年。由于小时胖,故常叫她胖子。两个孩子的名字在 1966 年"文化大革命"中"扫四旧"时,把大排行的"年"字取消了,说是属于"四旧"。

随着小孩儿长大,到 3 岁时送到河西区第五幼儿园接受幼儿教育,每天坐一辆送孩子的三轮车接送,还算方便。到 7 岁时上实验小学,学校离建国大楼较远,每天要坐 4 路无轨电车来回,现在想来也够辛苦。但学校好是很重要的,果然在实验小学毕业后她们全升入市一中,这对未来上大学打下了基础。正如母亲常对我们说的:"咱过就是过这两个孩子。"现在看来这是一句很有生活意义的实在话。

在 1966 年"文化大革命"中把我定为"资产阶级反动学术权威",8 月底的一天,总医院内科的造反队有十几个人来到我家,把要抄的东西都集中到客厅。这些都是冬天要穿的毛衣、棉毛衣、皮衣等,以及一些他们认为值钱的东西,甚至磨刮脸刀的小东西都要集中,还问有无武器。他们当时没有把抄的东西运走,临走时只是把客厅门用封条封上。抄家时倒是没有打人,还算客气。

眼看冬天来临,我们只有夏天的衣服。季鸿向造反队要衣服,竟遭到拒绝,要棉毛衣也不成。我们在没有办法的情况下只好想到用水把封条洇湿,然后进入客厅,但箱子是锁着的,钥匙也被造反队拿走了。于是我找到黄家花园一家修锁的,请他下班后来家给开锁、配钥匙。他如约来家,并打开箱子。他一看情况就知道是被造反派封的,但还是给打开了,之后他便离去。这样我们在晚饭后,当孩子和保姆都睡着后,趁黑进到客厅去"偷"我们自己的东西了!把东西拿出后,又把封条贴上。现在想起,真有点儿滑稽,但事实确是如此。后来这些被抄的衣物都被造反队搬到医院去卖给"革命群众",不论多少钱,每人可以买一件。

随着运动的深入,1967 年春,造反队嫌我们的房子太多了,便强行安置一位护士与他的丈夫住在我们家的客厅。在一个单元内住进另一家人,对我们生活十分不便,而且有监视之嫌。于是我们就想搬家。这样我们认识了几个"房虫子",可以设想我们是不会得到什么便宜的,只能是按他们的筹码交换，但由于建国大楼是医学院的产权，故必须与医学院的职工换房。经过很多努力终于找到一位王大夫，他的父母想与其长子分开。我们只好少要一间，换成两间，好处是离开建国大楼，将来换房自由。我们的新家在三乐里，里外两间平房，有一小厨房，院内还有一家王老师。我们于1968年早春搬到三乐里，不久造反队又来抄了一次家。这次来人很多，把我们的箱子又翻了一次，拿走许多东西。我们的住房从四间被压到两间，已经够小了，但街道认为我们是"反革命"，房子还是太多，又给安排来一位在附近工厂上班的李师傅。这样我们就只剩一间12平方米的小屋了，吃饭直接把菜锅放在桌上。

1969年以后，医院开始给我们这些"反动学术权威"落实政策、平反，然后便发还查抄物资。事实上，很多东西已找回不来了。1970年，我被落实了政策，又回到人民队伍，不但可以参加工作，随队游行，还要给我安排住房。总医院的政工干部来找我，由于屋子小，我们只好到街上蹲在一个下水道井盖儿上谈。最后我们搬到新建村一号三楼的一个两间单元里。住房又从小到大，吃饭可以有桌子了，心情大好。

万幸的是，在这段艰难困苦时期孩子们没有受到很大影响，最终总算都上了高中。实际那时高中已停办多年，伟年初中毕业时正赶上南开女中试验办高中，收两个班，伟年被选上。原以为这个班以后能升大学，但到毕业时大学仍未招生。按当时规定，有两个孩子的要有一个下乡。那年是属羊的下乡，但大羊下乡，小羊不下。伟年的生日是7月，属小羊，所以可留城。她被分到一中教英文，开门办学，乐子不少。至于路年，在初中毕业后升入一中的高中，毕业时按规定要下乡。办好去南郊双林农场。事情已说好，但那年(1976)夏唐山突然发生大地震，天津很多房屋被震倒。因此就决定这批学生不下乡了，改为留在市内搞房屋修建，算"震留"，因此路年未下乡。后来路年被安排到机械进出口公司当个小职员，这就算是正式就业了。

　　1977年，恢复高考，这给千家万户带来了希望，伟年、路年二人也开始准备高考。伟年投考医学院，路年投考外语学院，当年12月笔试，考了两天半，结果还算满意。那时正值我的岳父病重，季鸿到北京去护理，两个孩子把一筐苹果都吃光了。结果伟年考取了广州的中山医学院，路年考取了天津外语学院法语专业，都上了大学。这对于孩子来说是人生的一大里程碑，也是重要的转折，我们作为父母也感到很骄傲。1978年年初，全家去北京送伟年坐火车去广州，回天津后送路年去外语学院，正在这时又迎来一件喜事，看来是时来运转了。

　　话说有一天我正在二院内科办公室，忽报有天津市科委的一位处长来访。我去院长室会见，经谈话才知道是科委想给我落实住房问题。我说已经落实了，但他说我原为四间，而现只有两间，所以还要落实。我想那当然好。这位干部名字是刘运通，我想他的名字就一定能带来好运，不久果然成了。我们从此搬到了新兴里10号二楼一个四间的单元，一直住到我去澳洲。

1982 年，路年毕业了，分到南开大学外语系。伟年于次年毕业，分到北京协和医院内科。1983 年俩人皆结婚了。但事情还不算完，留学外国的事又来了。这时法国里昂 Mallet-Guy 教授正组织中法学院，可以接收进修的医生，也可以接收理工科进修的青年。1984 年，路年去法国学习；1988 年，伟年去澳大利亚悉尼的 Westmead 医院进修。后来两人都获得博士学位，都有了固定工作和稳定的生活。

伟年的第一个小孩儿钱丞(Pierre)小名晨晨，于 1984 年出生，他一直和我们一起住在天津，上完幼儿园后，1991 年入成都道小学，几个月后就由我们陪同去澳洲 Adelaide，从此他就在澳定居了。1993 年，女儿 Emily 出生。路年 1991 年生下 Clément，1997 年生下 Rémy，每人有了两个小孩。

1992 年，我在北京人民医院做了右膝关节手术，效果很好，但术后低热，轻度贫血。幸亏季鸿给我献血，输血后迅速好转。我终生感激我的妻子，我身上流着她的血。我们住了一段时间后回到天津。于1996 年我们应邀到昆明讲学并游览了大理、石林、大观园、西山等名胜。回津时我的左膝关节痛，乃又去北京人民医院。医生认为做关节镜即可，不必手术。我住院后做了关节镜，取出软骨的碎片。但回到病房后感到不适，次日体温达38℃，右胸下部痛，但不剧烈。拍胸片，胸科医生会诊认为是肺炎，用抗生素后体温下降。数日后回到天津在家休息，仍用抗生素，但体力不恢复，停药则体温又上升。二院内科王培福大夫来会诊，他认为不一定是肺炎，要到医院检查。次日我去医院，做了 X 光胸片、肝超声及肝区 CT 检查，医生认为胆囊周围有脓肿。又到肿瘤医院再照 CT，证实，次日急住总医院。当日由王鹏志大夫做了手术，发现胆囊有结石，并已溃烂化脓，幸有一包裹形成才未发生腹膜炎，否则不堪设想。术后插引流管，住了约三星期才回家，总算死里逃生。

1996 年 7 月 6 日，我们离开亲爱的祖国，来到澳洲定居，新的生活由此开始。回顾往事，深感人生的命运险恶复杂，不可预卜。俱往矣！在现实世界里，人生不是一条平坦的宽路，而是一根细窄的钢丝，而且是弯曲的钢丝，有许多险阻要通过或绕过，有的劫难可逃过，有的则难以逃脱。幼年时的幻想破灭了，那只是人生的一个瞬间。从后来的生活看，我是一个历经沧桑、饱尝生活酸甜苦辣的人。现在到了晚年，我才开始重新认识人生与世界。

2017 年 8 月，在我百岁之年和两个女儿全家相聚在澳洲，这实在是一个难得的机会。我们组成了一个四世同堂的家庭。最老的是我，一百岁，最小的是 Pierre（晨晨）的二女儿 Melissa，即将一岁。看到一个外孙女和三个外孙都接受了良好的高等教育，成为对社会有用的人，我心满意足了。

第二章

Chapter 2

留学海外

一、难忘的 8 月 8 日

我对数字常记不清，但 8 月 8 日是我永远铭记的数字。因为它是我在 1937 年去法国留学的日子，也是 1968 年我被关进"牛棚"的日子。几十年前的往事又浮现在眼前。人对高兴的事往往记得很清楚，这也很自然。不过我的出国留学既有高兴也有悲伤与惊险，对于一个 19 岁时第一次离开家门的人，印象特别深刻。

我在 14 岁考入北平中法大学高中，那年父亲已到吉林德惠工作，很少来信，更不管我们的生活。家中生活的困难可想而知。五哥成了我们生活的主要资助者，但他的能力是有限的。挥兄不久也回到北平正在找工作。

我初中毕业时面临着是否还能上高中的大问题。那时日本侵占东三省后正准备继续染指华北，长城抗战的枪声已经打响，北平的爱国学生掀起了抗日救亡运动。作为一个城市贫民家庭中的孩子，那时对这些大时局并没太多的认识，只是考虑初中毕业后的出路。当时因家境困难，想毕业后去工作，但年龄又小；上职业学校，那时北平职业学校很少。虽然我的两个哥哥都是中学毕业后就工作了，但从我内心讲，我还是很想继续升学，而我的初中学习成绩并不很好,所以没有勇气向母亲提出。这时同学们都在纷纷准备考高中,也有同学来找我商量考高中的事。其中一位叫李世洵,他提到要考中法大学高中,因为学费不高,而将来有留法希望。这事被母亲听到,她毅然决定叫我去报名。于是从那天起我与老李(只有他被称为老李)一起准备功课,最后我们都被录取了。那时我们住在宣外校场四条,去学校来回要三个小时。因此,我每天早晨 6 时空着肚子出发,晚间 6 时回到家,冬天来回都顶着星星,真是披星戴月。最可怕的是下雨,没有雨衣更无雨鞋,把书掖在衣服里,一路小跑去学校。我穿的是母亲做的布鞋,天天走长路,日子一久鞋就出问题了,因此几乎每天回家都要自己缝鞋。在那时,家里每顿饭只吃窝头、白菜和 10 个小子儿的羊肉熬的汤。母亲为了让我们吃饱,她吃得很少。后来我们把窝头和菜都分成份,这才保证了每个人的量。

中法高中最难考的一门课是代数。按理说代数不是什么很难的,但那位从比利时回来的朱老师(外号朱麻子)把未知数 X 之外加上另一未知数 λ 之后,每道题都要讨论当 λ 变化时 X 的变化。这就使人容易迷惑。我仔细琢磨他所举的例子后,才明白他的算法。在一年级第一次期考时,全班五十几个同学中只有 4 人及格,而我是其中的一个。我过去在初中时并不是好学生,得到如此成绩,心中非常高兴,变得自信了,同时也激励我更加努力学习。我当时想,如果保持这个势头下去,就有出国留学的希望。我把目标瞄准到医学预科,因为考上医预只需两年,每门平均在 70

分以上就有出国的希望。但考医科是很难的,当然,考理工科更难,必要考第一才能出国。

到 1935 年夏,我从高中毕业。挥兄仍在话剧团工作,弟弟考上高级职业学校。我又面临就业还是升学的选择。我高中毕业考试成绩很好,考取医科是有希望的。至于考理工科,我不敢想,因为 4 年的学费是无法负担的,即使交得起,我也不考,因为毕业后如找不到合适的工作就只好教中学。教初中,高中毕业就可以教,何必上大学!经与母亲商量后,决定去考医科,如考不上就找工作。这个决定对我来说是关乎一生前途的事。那时北平正酝酿招考邮差(即邮递员),要的是初中毕业,但又谈何容易。失业的人太多,邮政局工作是铁饭碗,许多大学毕业的都想考。母亲找来打鼓的(旧社会收购旧货的商贩,手拿小鼓走街串巷,以招揽生意),卖了点儿东西,得 2 元钱,才得以报名考医预科。后来知道有 190 人报名,其中还有大学生。形势严峻,我只有一拼,别无退路。

第一场笔试下来够录取资格的只有 8 人,而该年实际录取只有 4 名,我不幸位列第 7。看榜回来心中闷闷不乐,心想下一场口试我一定会被淘汰。于是不想去参加口试了,开始着手找工作。正在这时,一个要好的同学来看我,他了解到我的情况时,极力鼓励我去参加口试。他的理由是,初试所录取的 8 个人是处在同一条起跑线上的,参加口试时都是平等的,最后能否录取全看现场发挥。他的话给了我很大的鼓励和动力。好同学、好朋友在生活中是很重要的。于是我如期参加了口试,一共考 4 门,数学、物理、化学、生物,除生物外,其他 3 门我都自我感觉良好。大约十天后录取 4 名的第二榜出来了,我以第三名被录取。母亲和全家都很高兴,我的前途从此也就定下来了。

在这个阶段,挥兄由于话剧团解散,他每天上午去财经学校上课,下午和晚上则到真光电影院的小卖部工作,每星期还有三个晚上去青年会上英文课。挥兄晚上去上英语课时,就由我替他到真光电影院小卖部工作。由于五哥的接济,我们的生活勉强过得去。我个人在学校的功课很忙,每天要到天黑才能回家,但再苦再累我也要努力争取每门课得 70 分以上。

我们从黄米胡同搬到东四六条 56 号后,住的是一个外院的三间南房,这回房子不西晒了,但又太冷了。邻居很好,都是没钱的人彼此关系就好处。邻居中有一位老太太,是枣强县人,我们称之为枣强老太太。还有一位老处女,相貌有点儿虎头虎脑,我们称之为虎妞儿,比电影《骆驼祥子》中斯琴高娃所演的虎妞更逼真。母亲还和她们一起照过相,这张相片至今我还保留着。房东正好是我在法国里昂学习的同学徐宝鼎(现在美国)的母亲,她住 54 号。我们在那里住得还满意,母亲心情也好了。

医预科一年级期末考试,我的各科平均分数超过70分,列第 3 名。初听起来 70 分不算什么,而实际是老师给分数很节约。譬如化学的定性分析,假设未知液里有 5 个元素,如果你都分析出来了,以为可得 100 分,可老师也就

给 60—70 分,理由是:一次分析对了并不意味着你就掌握
分析化学了。再譬如法文听写,如果你错了一两个字,只得
70 分;如果错了 5 个字,肯定不及格,50 分而已。老师说法
国人的法文平均水平也不过就是七八十分,一个中国人能
得六七十分就不坏了。我们那时都是在数学上多要分,因
为数学算对了,老师找不到借口少给分数。其他科老师扣
分我们没有办法去争,只好低头想办法,所以我们在数学
上要得高分才能补上其他科的缺口。这也算是上有政策下
有对策吧。

　　一年级后的暑期里我因感到自己的法文程度不好,担
心去法国后学习会有困难,因此决心在暑期里加紧学习法
文,努力赶上去。老师给我介绍了一本叫 *Tour de la France*
(《环游法国》)的书,叫我认真读,虽然不一定要背诵,但也
要能自己口述。这是一本叙述两个小孩儿周游法国的故事
书,书中多用现在式,但生字很多,这正是我所要的。我每
天大部分时间都在读、背、写。两个月后我感到认识了不少
字,便到学校的阅报室试看法文报。又经过一个月,我已经
能看懂一些短文了,我的自信心增强了。

　　二年级的实验很多,化学、物理、比较解剖无脊椎动物
等,几乎每天下午都有实验。但事后我认为很有好处,到法
国后我感觉自己不比法国人差。另外,还有一位名叫
Bussiere 的法国医生教一些医学常识,主要是练习我们的
听力。

　　1937 年 5 月举行预科毕业考试,这是决定每个人前

途的考试,所以大家都很重视。5 月底张榜,结果 4 人都被录取。当我把消息告诉母亲时,她的喜悦心情可想而知了。但是与高兴俱来的是困难与不安:困难是经济问题,不安是日本欲侵占华北并进逼北平。那时日本已占领热河、河北及察哈尔,成立了伪冀察特区,这些地方不许中国军队驻扎,而日本军队倒可以驻扎。日本的目的是占领平津,控制华北,所以当时北平局势很紧张,而我还在为出国做准备:学校发了 100 元制装费,扣下 12 元办护照及签证,余下的 88 元发给我,我用了十几元买了一套新的西装,又同何卓然老伯和气哥一同到天桥买了两套旧西装、皮鞋、衬衣等,一共花了不到三十元。我给母亲留下 25 元,仅带大约三十元离家。我记得还买了一块日本手表,可以说基本不走,只是为了面子,我去任何地方都要先对好表,到法国后我也用这个表充样子。后来我在法国又买了一块表,很便宜,也准,但声音太大,做实习时同学都在看我;晚上睡觉放在桌子上还吵人,以后我不戴了。

1937 年 7 月 7 日,卢沟桥事变爆发,驻北平的 29 军奋起反抗,打响了全面抗日的第一枪。在这之前,天津驻军已与日军发生战斗。29 军的大刀队在长城抗战时很有名,杀敌英勇,因而很受北平市民的爱戴。但当时蒋政府只顾打内战,推行先安内才能攘外政策,日本便借机以"防共"为名,大举入侵,实现侵略之实。这时我的同学大部分已离平去上海,等 9 月初的船出国。而我因经济不好,还在精打细算准备行装。卢沟桥战斗打响后,北平城内人心惶惶,虽然出现了暂时的停火谈判,但后面的时局会怎么样,老百姓心里没有底。7月26日,挥兄送我乘人力车去前门车站,准备买平浦路去南京的车票,然后从南京再转到上海。但当到达车站时,看见站前广场站满了人,到了跟前才发现车站是关闭的。经了解才知道廊坊和丰台已失守,铁路不通了。丰台当时是南北各路的交叉点,所以可以想象平浦、平汉、平绥路都不通了。这可把我急坏了,一切努力全付诸东流,只好拎着箱子雇车回家。真是房漏偏遇连阴雨,越穷越要多花钱。

这时北平的市内已能看到不少日本人,情况越来越吃紧,我天天外出了解火车的情况,心中忐忑不安。一直等到8月初才知道8日有开往天津的第一趟车,我决定先到天津,然后乘船去上海。这时正有挥兄的一位朋友老金也回天津,我们定好8月8日一起同行去天津,他还说我可以住在他家里等船。

8月8日我一早就起来了,母亲频频嘱咐我在外应注意的事。当我和挥兄坐上人力车时,母亲站在门口目送,一直到车拐弯,我回头看时,母亲还伫立在门口。这个情景令我一生不忘,我永生都忘不了母亲的恩情。

到车站买了票,见到老金,一同上车,火车上的秩序很坏,没有座号,随便抢座,开车的时间也不定。等了不知多长时间,车终于开动了。我虽然已19岁,但这是我第一次坐火车,也是第一次离开家,在此以前我最远只到过西直门。

　　火车就像牛车一样,走得很慢,一路上走走停停。沿路看到许多老百姓在日本兵的刺刀下做苦工,亡国奴的命运已经加在我们的身上。大约走了十几小时,天色已黑,车到达天津北站,不少人下车。未下车的人都在看如何出站,终于看到每人皆受到搜查。对于搜查的事早有传说,所以准备遇到盘查时就说我们是到上海给掌柜送衣服的,我有两只箱子的衣服和一个装有毡帽的帽盒可以为证。听说日本人对学生抓得很厉害,我还把到上海的介绍信撕成碎片。事后想起来,这些举动很是幼稚。

　　乘客一直盼望车快点儿走,但想到下车要检查,反而希望慢点儿到。车最终别别扭扭地到站了,我穿着一件竹布大褂,拿着两个箱子和一个帽盒,走起路来要慢些。最终我走到一个长队里,一步一步跟着走。天已经黑了,只有路灯可以看清。旅客的队伍中没人说话,一片寂静。我正在盘算如何对付检查时,忽然抬头一看前面出现一条大河,还有一座铁桥。我闹不清到了什么地方,便问左右的人在什么地方检查。他们说已经检查完了。这让我很惊讶,原来这是检查完的队,我站错了队而逃过了检查。说着就走到了桥边,原来这就是著名的万国桥(现解放桥),走过桥就是法国租界,日本人就管不了啦。我提着行李快步向前走,过桥后我悬着的心一下子就放下来——终于安全了。这是我出国留学走出的第一步。

二、惊险离奇到上海

到了天津我就住在老金的家里，但发现他家很小，有实际困难，我并不受欢迎。不但如此，他顿顿与我一同到饭馆吃饭，都要我付钱。我只有 30 元，无法负担。此外，他也无力为我买去上海的船票。我决心离开他，自找出路。10 日上午我先找到益襄二哥，他费力为我买到了 11 日（即次日）去上海的船票，这真不易。然后我了解到上船的地方是在怡和码头，在那里先上小船，到大沽口外再换乘去上海的大船。我现已忘记大船的名字，反正是怡和洋行的船。这时从中国地（老城）跑到租界里的难民很多，大部分是投亲靠友的，但总有一些难民无家可归，于是慈善组织在英租界设立了很多帐篷为临时避难所。怡和码头恰有一批帐篷，我就请求搬入，好在住一夜次日就上船，这样也可免去求住别人家，并省去次日来码头雇车的费用。这时我身上只有十几元了，我决心自立，不求任何人。

我住的帐篷内已经有一个人住了，他有自己的行军床和其他东西；而我什么也没有，只有两个箱子，于是只好睡在两个平铺开的箱子上。这样既解决了床的问题，也能保住箱子不丢失。我以后在船上也用过这个方法。躺在箱子上只是闭眼休息,蚊子不停地叫令我不能入睡,心里还嘀咕这位不认识的邻居会不会有异常举动。天蒙蒙亮我就起来了,拿起箱子就奔向码头。虽然到得早,但船上已经一个座位都没有了,我只好坐在箱子上,没过多久船就开了。

走了几小时才到大沽口,远远就看到了我要上的船。我们这一小船的人都争先恐后地向大船奔跑。我的行李多,跑得慢。等到大船停靠码头时,我们才发现登船口是关闭的,船上的人已多得爆满。问码头上的人才知道,昨天就有人上船了。但是我不死心,因为我已没有退路,连回北平都有困难。这时我看到码头上有位老工人,手里拿着一捆绳子,我就上前问他有无可能上船。他说:"有,我们可以用绳子把你送上船去。你看,我们正在干。"并说只需付2元。我别无选择,于是说好先送箱子再送人。他们一共两个人,一人在码头上,另一人在船上。他们将箱子送上船后,码头上的人把绳子拴在我的腰部,船上的大力士便向上拉。一根绳子系一个人自然不很稳,人在打转,我看到下面的海水,生怕万一绳子断了就命丧渤海了。老天保佑,不到几分钟我就安全地降落到甲板上了。我终于成为船上的一名旅客了,一个从天而降的乘客。我赶快找到一块远离空降旅客的地方,将两个须臾不能离开的箱子平铺开,并躺在上面,以向周围的人宣布这是我的领地。我安顿好后,赶忙给家里写信说我已上船。之后将信交给空降我的老工人,说明是家信,恳求务必发出,并给了他邮费,但他不肯收钱。后来知道这封信家里收到了。那年月虽乱,但好心人还是多。

下午船居然开了，一声汽笛发出低调的哀鸣，算是宣布起锚。船在大海上航行时，睡在甲板上的人不但由于海风的侵袭而感到寒冷，而且烟筒冒出的黑烟把甲板上的人都变成了黑人。船上的饭放在竹篓里，一股腥气味儿令人作呕。我这样一个经常吃不饱的人竟然引起这种反应，可见饭的质量之低劣了。船行到烟台附近的黑水洋，风浪很大，我躺在箱子上，任凭风吹浪打，我自岿然不动。8月13日船到青岛时，发生问题了：由于淞沪战役爆发，所有船不能去上海了，而改去香港。船上的负责人宣布，如不愿去香港可在青岛下船，并退回一半船费。我当然不能去香港，只有领钱下船，然后再想法乘火车去上海。

一同下船的有一百多名从北平出来的学生，多是想去上海、南京等地的，也都没有钱。这时连退回的船票钱，我大约有二十元，但绝不能多花一分钱，必须保留足够的钱到达上海。我们下船后就径往车站，我了解到如果坐火车则必须先坐胶济路到济南，然后再乘平浦路到南京，再坐沪宁路到上海，这一笔路费至少要五十元。我是无法办到的，别人也办不到，而车站是不允许无票登车的，大家只好坐在车站休息想办法。正在没辙时，忽然看到一列车驶进车站。从车上下来的都是日本妇女和儿童，还有许多中国士兵，我们不明白是怎么回事，便上前打听，得知是国军宪兵三团送日本外交人员家属回国。中国人真是好心肠，日本人打我们，而我们还要好好照顾他们。从与士兵谈话中了解到，一旦日本人下车，车立即返回南京，这是专列。于是我们就找宪兵队长说明我们是从北平逃出来的学生，身上无钱，要求坐这趟列车去南京。他竟很痛快地答应了我们，并催我们快上车，车马上就开。车厢内是空的，我上车后找到一个长椅，此时感到又困又饿，全身无力，放好箱子就睡了。

列车一路几乎不停，大约走了两天，我也睡了两天好觉，最后终于到达南京下关车站。我们下车后与宪兵一齐出站，站上有欢迎宪兵的人群，不知我们是何许人，也一齐鼓掌欢迎。出于礼貌，我们也举手致意，但却有一种说不出的苦笑。

不管怎么说，我现在已经到南京了，而且手里还有 20元钱。上海近在咫尺，胜利在望。我在下关先找了一家小旅馆，放好箱子，然后到一家澡堂洗澡。我洗完澡喝茶时，与周围的人聊天，打听如何能去上海，他们都说有困难。当时上海只有北站上下车，南站已关闭，要去上海北站得绕道杭州，也就是说必须坐沪杭甬铁路。此外也了解到，要想进入上海法租界，必须要找穿法租界发的背心的人力车夫才行。了解这些情况对我非常有益，因为我要去的地方正是法租界福开森路世界社。

我出了澡堂觉得一身轻松，已到晚饭时，自然是找一家小饭馆，我已经好几天没有正式吃饭了。南方不兴吃炒饼，但有各种面条，便宜而且实惠。8月的南京热得够呛，不愧为火炉。我端着面坐在外面的凳子上边吃边盘算，是否要找开兄(五哥)，但他不一定有什么办法帮我去上海，况且他在何处也不得知，总不能花上车钱满南京城去找吧。于是决定吃过饭后到车站碰碰运气。

到了车站售票处一问，知道当晚就有去上海的车，经杭州，要走 12 个小时，次日上午到上海北站。我高兴坏了，连忙买了票，然后回旅馆取了行李赶回车站，大约在晚上八九点钟就上车了。但正在等开车时，忽然响起空袭警报声，乘务员叫大家快下车到附近的树林里躲避。我只好提着箱子下车，跑不多远就是树林，在那里避了大约一个多小时才听到警报解除的喇叭声。大家又赶紧回到车上，火车终于开了。

我闭眼睡觉，但根本没有睡着，一夜都在胡思乱想。火车车轮滚动的单调声音把我的思维限制在一个固定的节律中。终于看到天上的星辰慢慢退去，天色已呈鱼肚白，曙光从窗户射入，新的一天开始了。大约在上午 9 时左右火车抵达上海北站。下车后我在站台上看到穿法租界背心的人力车夫，问他能否带我进入法租界，他很肯定地说能去，并协助我搬箱子。那是一辆人力车，上海叫黄包车，我坐上车，他把箱子放在我的两条腿之间，拉起就走，不一会儿就到了法租界，车夫告诉我要检查，并嘱咐我不要说话，他自会应付。果然警察拦住车后，车夫说了几句上海话便放行了。几分钟后到达福开森路世界社门口，我付了车费，拿起箱子走上高台阶，一按电铃，开门的是一位认识的同学。经过千辛万苦，我终于胜利地到达了上海！

这一段曲折、惊险和充满甜酸苦辣的传奇旅行，使很单纯、无知的我一下变得成熟了，在对事物的判断能力、应对措施、人际交往等方面都有许多长进，这都是在学校里学不到的。记得古罗马哲学家塞涅卡曾说过："如果一个人不知道他要驶向哪个码头，那么任何风都不会是顺风。"信哉斯言！我之所以能胜利实现了自己的愿望，是因为我心里有明确的目标。

这一届去法国留学的一共14人，目前已有12人抵达上海，还有2人未到。去法国的船是9月4日离沪，到马赛的日子是10月7日，共走33天。先期到上海的同学已经住了一个月，虽然住房免费，但吃饭是要钱的，所以他们的钱已经差不多花完了。因已临近出发日期，此后吃饭不再收费了，而从以后在法国的每月津贴中扣除。我还剩一点儿钱，在出国前要花完。这时我忽然感觉自己很富有，因为用钱已无顾虑了。这是我一生中最无忧无虑的时期，尽管是很短暂的。这种心理正如德国著名剧作家歌德所说："一个人只要说自己是自由的，就会同时感到自己是受限制的；如果说自己是受限制的，他就会感到自己是自由的。"

有一天，两个同学陪我到永安公司去买东西，那是当时上海最大的一家百货公司。我买了一个小箱子，然后又去另一个柜台买睡衣，为了方便，售货员把睡衣放到了箱子里。最后到门口结账时，结账员用上海话告诉我应付的钱数，我听不懂上海话，一位同学帮我翻译，我照数付了钱。但当我拿箱子出来后，才发现结账员只算了箱子的钱，没有算睡衣钱。同学吵着要我请客,我们便一同去冷食店吃了冰激凌。我记得临离北平时,母亲嘱我要留神上海有骗子,没想到一不留神我自己成了"骗子"。

此外我还做了件白大褂,以备未来实习用。这时我已将来上海时穿的竹布大褂、中式裤褂、布鞋都收了起来,而改穿西服、皮鞋了。

9月4日终于到了,我们一行人乘车到外滩的码头先登上一条小船,然后开到吴淞口登邮轮。在我们登上小船时,日本飞机正在上空盘旋,当时谁也没有料到几个月后上海竟会被日军占领。大约到中午才开到大船,检查人员查验了每人的护照、船票后便放行。我们是5个人一间的三等舱,有上下铺,我被分在下铺。

当天下午起锚,船离开了吴淞口,驶向茫茫大洋——我的留洋生活开始了。

三、在印度洋上

我们乘的是法国邮轮,船名为 Sphinx,排水量8000吨,头等舱在最高层的中央,二等在其下,三等更下,四等则在甲板之下,每差一个等级价钱差一倍,不同等级的旅客是不允许随便往来的。我也不知道三等舱的票价是多少钱,就糊里糊涂上船了。我们的房间可能有 10 平方米,两个上下铺,一个单铺。每个铺比平常的单人床要窄 1/3。每人有一个小柜子,内有一小盆为呕吐时用。每间房有一个洗手盆。我们的房间对面住着两个法国妇女,带着两个小孩儿。

三等舱的饭厅很大,可容二三百人。我们 12 人与去英国的留学生及另一些到法国去的中国旅客一共二十多人,同在一张大餐桌就餐,每人的座位几乎是固定的。在这些人中有一位叫任光的著名作曲家,他是《渔光曲》的作者,他常到饭厅弹钢琴。航行中,对我来说最有兴趣的就是每天五顿饭了。我上船前身体很瘦,以致在北平办护照前检查身体时朱大夫犹豫良久才签字,他怕我坚持不了学习。其实我很清楚,只要给我吃就会胖起来。这次机会来了。每天上午 7、10 时,下午 1、4、8 时各吃一次,下午 1 时及 8 时是正餐。一直到上船前我还从未吃过西餐,王振基教我如何吃。很快我就掌握了并应付自如,优哉游哉,每餐我那一份从来不剩。不但如此,当船行驶到印度洋时,风浪很大,同屋的四位(宋守信、马民元、陈机、吴徵炀)都因晕船卧床不起,我却没事,还能把他们的早餐及下午茶的面包和黄油都吃了,以致下船时我的衣服都显得瘦了。

我每天早餐后便到甲板上散步,看看海洋,看船舷边翻滚的浪花,一望无际的海与天空相连,真是秋水共长天一色。我发现如果站在甲板上向远处瞭望,就毫无晕船的感觉。下午饭后在房间里休息一会儿,我又到甲板上度过几小时。晚饭后甲板上风很大，只能散步片刻，不能久留。由于在甲板上散步，时间长了就认识了一些人，也因此有机会讲法语。可以设想，一天有 8 个小时用外语说话，在船上旅行一个月会有多么大的收获。所以当到马赛下船时，我已经成为到饭馆联系吃饭、买车票等诸事的翻译了。船上有一位名叫 Edouard Etandard 的工作人员，是负责印刷的，每天与我见面，我们交谈得最多。有一次，他在每人的菜单上还为我印上：En souvenir de M.Shi Yu Shu（送给石毓澍先生留念）。到法国后，我们还通过信。这位先生曾多次到非洲旅行，每到一处都采集植物标本。外国人的敬业精神很值得佩服。

这个船是从上海经中国香港—西贡—新加坡—科伦坡—吉布提—赛得港，最后是经苏伊士运河、地中海到达法国马赛的，所以主要是在印度洋上行驶。船是每走几天就到一站，要停靠码头一两天，以便上下旅客、上水、煤、装货等。所到之处可以上岸游览，有 MM 公司（Messagerie Maritime，海上邮政公司）的小船免费接送上岸，所以旅行并不枯燥，而同学之间聊天更是一大乐趣。

从上海坐船两三天到达香港，我们登岸看了一下这个英国殖民统治的地方。英国是工业革命最早兴起的国家，也是当时最大的帝国主义国家，买卖黑奴、贩卖鸦片、枪杀中国人，都是他们干的。其实所有帝国主义国家都是如此。但那时中国太弱，所以拿他们没办法。那时香港不如上海有那么多高楼大厦，街上尽是些小铺子、小摊，人也不多，不过街头的秩序很好,也干净。街中心站着包着头的大胡子印度警察。英国人的统治手腕确实很高,管理能力不容忽视。他们让阿拉伯人到印度当警察,再把印度人弄到上海公共租界当警察。我们在街上转了很长时间,既无目的也无钱,就回到了船上。只有吴徽炀买了一把京胡,竟成为我们日后在里昂的主要消遣工具。

船继续西行,不几天到达安南(现称越南)。下船前又检查护照,然后我们几个人一同乘 MM 公司的小船直奔西贡。那是一个地处热带的法国殖民地,街道宽大、干净。由于我们必须在下午 1 时午饭前回去,所以只能参观一处有代表性的地方,最后决定去西贡植物园。植物园很大,热带植物几乎都有,我们从北方来的人从未见过,像椰子,我还是平生第一次见到。安南人不谙汉语,但招牌写的是中文。听说法国人走累了,一招手就可以叫一个安南人来趴在地上,然后自己坐在那人身上休息。

回到船后吃饭,下午船继续西行,下一站是新加坡。新加坡也是英国殖民地,华人很多,据说占全体居民的 70%。船刚靠岸就有《星岛日报》的记者上船访问,了解船上留学生的姓名,次日见报。我们办完签证手续后便登小船上岸,我先到邮局给家里发了一张明信片,邮局的人都会说普通话。接着我们参观了著名侨领胡文虎先生的庄园,很大,很讲究,但据说他本人生活很俭朴。新加坡的交通警察后背拴着一根长棍,站在街的中心,当他面向南北时,东西向的车可以通行;面向东西时,南北向的车可以通行。我们未去新加坡的植物园而返回船上。在新加坡返回船上时发生了一件事:轮船上的医生要求每个人要口服防霍乱的药,但有人发现药品是日本药,因此遭到大家的拒绝。后由作曲家任光带头交涉,医生换了药才算解决。过了几天到了九一八纪念日,大家商量在晚饭前全体起立唱国歌,然后静默。餐厅里的外国人不明究竟,以为是在表演唱歌,纷纷鼓掌。

　　船又西行了几天到了锡兰(现斯里兰卡)的科伦坡,这也是英国的殖民地。船只停几小时只为上下客人,我们都未下船。又继续西行几天,我们离开了亚洲而到达非洲的一个海港——吉布提,这里地处海上交通要道,是进入红海的门户,是法国的殖民地。吉布提环境很恶劣,不但天气炎热,而且卫生极差,也没有可看的东西。人们都说英、法两国治理殖民地的不同点是:英国人还肯拿出一点钱治理当地,而法国人则拿走所有财富。19世纪及20世纪初是帝国主义统治最猖獗的时代,整个非洲及大部分亚洲皆沦为殖民地,偌大的印度被英国打败,还被占领了100年;中国也被各国瓜分。所以必须要有科学、工业,只会作诗不行。

　　从进入红海后,船似乎走得慢了些。经过亚丁湾就进入了著名的苏伊士运河,这条河不宽,但来回走船则无问题,从船上可清楚地看到两岸景色。交一笔钱就可以下船去游览开罗,游完送到下一停靠点,即赛得港,再回到船上。这是为有钱的旅客安排的旅游项目。我们既没有钱,也不是游客,当然不去了。运河里有埃及人游泳,如果你将钱币扔到河里,他就会潜入水中将钱币拿起。这是他们的职业。

大约两个小时船就穿过运河,然后到达赛得港。我们上岸一游,这是到马赛前的最后的停靠点。埃及这座城市有很多大的建筑,但给人以贫穷的印象。街上小摊很多,有一同学想买一纪念品,问多少钱,回答是 one Franc(一法郎)。于是掏出一法郎,但卖东西的人却说的是法语vingt Francs,即 20 法郎,二者发音几乎一样。这位同学说 20 法郎就不要了,但卖东西的不依,非卖不可。幸亏我们人多才算解围。

从赛得港出发便进入地中海,天气骤然变冷,风浪也大,餐桌上的盘子可以从一端跑到另一端,海水可以从窗户打入把餐厅弄湿。许多人都穿上夹大衣御寒。我没有夹大衣,就穿上毛衣。快到马赛前风浪似乎越来越大,许多人都晕船,我却还好。

10 月 7 日清晨船抵马赛港,我们终于到了法国。这时西班牙的内战正酣,欧洲已闻到了战争的硝烟味儿。我们下船后见到赵明德同学代表中法学院自里昂来迎接,中国驻马赛领事馆也派一位先生来迎接,我们一同到大厅休息。老赵将取运行李、买去里昂的火车票等事宜都委托一家旅行社 Duchemin 代办,费用将来大家分摊。但行李要经海关检查。老赵来法多年深谙此道,他认为检查太费时间,12 个人的二十多件行李要检查几个小时。于是他找到负责人说明都是学生,不会有违禁品。于是就只抽查了一件算完事。老赵给了 150 法郎作为检查费,实际是变相外快。

　　别管怎么说,一切顺利。Duchemin 的人已经为我们买好去里昂的车票,行李也已托运。告别了 Duchemin 的人,我们去找饭馆吃饭,准备下午去里昂。我们一边逛马路一边找饭馆。我脑子里记着母亲在临行时告诫我的话"不要吃女招待"。20 世纪 30 年代,北平少数饭馆开始有女服务员,称为女招待。这本是一个正常的职业,但旧社会人们的封建意识还很浓厚,视之与娼妓同类,并不时发生调戏之事。所以当时有句顺口溜:"女招待真不坏,吃三毛给一块"。当我们在马赛的街道上短短巡视一遍后,发现所有的饭馆都是女服务员,无奈就只好进去吃了。

　　饭后随便在街上走走,然后去车站登车。车大约开五六个小时才到里昂。在 Perrache 车站下车时天色已黑了,不少同学来接。我们坐出租车上山,直到 Institut Franco-Chinois(中法学院)的所在地 Saint d'Irénée。这就是我曾每天挨饿受冻、长途步行、勤奋苦学所为之追求的地方,我将在这里度过我整个医学生的生活。

四、开始新的生活

Institut Franco-Chinois 是一所为中国留学生设立的住宿点，在一个炮台山上，它属于中法协会，主席是 Lépine 先生，上课要到里昂大学去。中法学院的校长是中国人宗真甫先生，会计是 M.Rambour 先生，他是一位参加过第一次世界大战的战士。这个炮台山有一座四层大楼，可住一二百人，而那时男生只有四十余人；另一所小楼供女生住。到校前，学校已为我们准备好住房。我和老宋（宋守信）合住在三楼临街的一间屋子，约二十平方米。屋子中间有一张大桌子，其上放书架。每人配 1 张铁床，并发给 2 条毯子、4 条床单及枕头套等。每层楼有两个洗漱室，很大，每室有两排洗手池，每排约十个池子。铺好床，感到很累了，我洗洗脸就睡觉了。10 月初，那间屋子暖气不足，晚上很冷，一夜睡得不太踏实，不断地想家。

次日起来洗漱后，穿上西服下楼到餐厅吃早餐。餐厅由一大一小两个房间组成，大的为男生用，小的为女生用，每桌 4 人。我和刘崇智、蓝瑚、陈机一桌。桌上有醋、橄榄油、盐各一瓶。早餐是每人一大碗咖啡牛奶、三小片黄油，法国面包是 2 千克一个长形的，切成块放在篮子里，随便吃。我每顿吃三块，多年如此。午饭是三道菜，一道是Hors d'oeuvre(即一些生菜，加上芥末酱)，第二道是菜，如焖扁豆、菜花等，最后是肉食。星期五是宗教日，不杀生，所以吃鱼。晚饭有汤，代替午饭的Hors d'oeuvre，有时有面条，很好吃。厨师是意大利人，有两个招待管端菜，一个叫 Marcelle，另一外号叫德国大汉，足见其体魄之壮。每人还发给两条餐巾，每周统一洗一次。

　　大楼的一楼是不住人的，除餐厅外，还有一个大厅，可以看报，打台球、乒乓球，听无线电(那时还没有电视)，还有一架钢琴。往前走是两个小会议室，为开会用。医学班同学每周六在那里开会。走到楼的西头是洗澡室，每周两次洗澡。

　　这里，我略微介绍一下中法学院概貌。从法国里昂的老区 St.Jean 沿着一条一百多年前铺的石头路向上攀登，经过罗马时代建的剧院 L'Antiquaille，然后向西拐就到达一个叫 St.Just 的小区。这个小区的东头有一座古老的炮台，即 Fort St. Irénée，据说这座炮台建于 19 世纪初。1815年拿破仑从厄尔巴岛东山再起时，他欲经过里昂直取巴黎。波旁王朝命令在 Fort St. Irénée 炮台的守军去阻击，当然未阻击成功，士兵反而都跑到拿破仑的军队中去了。自进入 20 世纪后，这座炮台已失去军事意义，政府也就废弃不用了。

　　1900 年，在中国兴起义和团运动，因杀了不少洋人，引发了八国联军侵华，最后签订了《辛丑条约》。按照条约,中国要向参战的 8 个国家赔款,总额达 4 亿两白银,合每个中国人要赔 1 两银子。这就是庚子赔款,按约要在 39 年还清。但到了第一次世界大战结束,中国是战胜国之一,于是美、英、法等国提出愿将以后的赔款改为培养中国留学生的费用。这样,法国就把 Saint d'Irénée 改建为中法学院,作为来法国公费留学生的宿舍,学院则每年只向法国政府缴纳 1 法郎的象征性租金。学院从 1921 年开始招生,学生完成学业后就回国。中共领导人赵世炎、陈毅等都曾在这里住过。学生有男有女,来来往往,多不胜数。

这座炮台的前院有两幢楼。一幢是四层的大楼,坐北朝南,是炮台的主楼,二楼以上住人,可容 200 人住。每个房间有 20 平方米,住两个男学生。一楼是餐厅,还有阅报、台球、乒乓球、小会议室、洗澡室等。另一幢小楼是坐东朝西,楼的北面就是炮台的大门,楼下是学院的庶务 Rambour 先生的住房和看门人的住房。这位 Rambour 先生是一次大战的老战士(ancien combattant),他的名字正符合他的庶务的身份。这座东楼的二楼是女生宿舍,Rambour 先生就成了女生的监护人。东楼的对面有一排平房,被一个很大的院子相隔离,那是宗校长的住房。这些房子从三面包围着一个高低不平的大院子,足有半个足球场大小,有几棵树栽在很少整理的草坪上。其实真正的炮台是在后院,要经过一个吊桥才到达后院,那里有碉堡、地道等,还有一些古罗马的遗迹。

中法学院的大门外是一条马路,如果向南走,隔一条小马路有一些商店,还有一座一百多年前建的教堂,每一刻钟响一次,报时的钟声时刻在震撼着人们的心灵,给这座近代化的城市平添了几分沧桑。到了傍晚,运牛奶车的马蹄声和烤栗子的叫卖声在提醒人们晚饭的时间到了。

转眼就到了 10 月 10 日国庆日,当地华侨来一同庆祝,他们是第一次参加世界大战后留下未回国的华工,都已与法国人结婚。事业上最成功的造纸工程师石光彦对华侨事业很热心。国庆日这天 Institut(学院)的学生、华侨及家属、领事等都聚到 Institut,领事、校长及华侨代表都讲了话,然后合影。这张相片我在 1995 年重访里昂时才从里昂图书馆得到的。国庆日中午有宴会。

次日,刘先伟同学带我们到山下的 Saint Jean 警察局登记,办身份证(Carte d' identité)。10 月 12 日,宗校长带我们去里昂大学见 Dubarbier 先生,他是中法协会的

1940 年在里昂的部分同学合影。后排自右起:于道文、宋守信、钱三强、陈某、于某、李志华、×××、石毓澍、吴徵炀、朱锡侯等。前排自右起:王振基、陈博君、张启谭、梁谓华、李念秀、陈妍霞、王婉芳、吴斌

秘书,一位不认识中文的中文系讲师。这是一次礼节性的
会见。

从 10 月 13 日起,我们便在蓝瑚同学的指导下开始读
解剖学,读的是 Testut 及 Latarjet 合著的 *Précis d'anatomie*
(《解剖学》)。11 月开课后一个月就要考骨骼学,如不及格
便不能做解剖实习,也就是说要留一年,连留两次就要被
送回国。从此,我便进入正常学生生活。

五、进入里昂大学医学院

11 月 1 日是法国的 Toussaint(万圣节),相当我国的
清明节。我们早晨到墓地为已故同学扫墓,这里埋葬着 3
位老留学生。11 月 3 日开始上课。下午 1 点左右,我们 4
个人一同走下山, 然后从 Saint Jean 改乘 1 路电车直到终
点 Grange Blanche(地名),医学院的所在地。那时上课每人
都要穿整齐,男生打领带,女生要戴帽子。2 时整,解剖学
教授 Latarjet 进入教室。这是一个大的阶梯教室, 可容纳
200 人,适合一年级的人数。一半是军医学生(Sandard),一
半是普通学生。军医生的学费、生活费甚至书、用具等都是
国家供给, 条件是毕业后要到殖民地工作 10 年。Latarjet
入场前已有十几个助教等先在教室等候,派头不小。这堂

课我几乎一点儿
未听懂,好在他讲
的是动物的骨骼
如何演变成人的
过程。

法国的医学
院教学很特别,从
一年级起每天上
午到医院实习,下

里昂大学医学院正门

午到学院上课。第一个学期每天下午一节课,每节一小时,
没有课间休息,然后1–2小时实习骨骼,每星期6天。带实习
的是医院的内科医生,这些人口叼香烟,说话不清。12月
初口试骨骼学,然后实习改为解剖肢体。两个人一组,我与
Chevalier 一组,同桌另一组是Chaudruc 和 Chatain。人都很
好,边聊边做。Chatain 最逗,别人乐而他不乐。这学期一直
到圣诞节,然后第二学期再上课就直到复活节。这两学期
我听课记笔记都有困难,好在有书,要多念硬背。第三学期
是复活节后直到7月14日法国国庆日,这段时间内解剖
学已停,改为生理、生化、组织学、生物物理4门。这时我的
法语听力有明显进步,好像有一跃进,笔记几乎能完全记
下,有时间看参考书,说的能力也变强了,但看电影仍有困
难。法国的大学只有一年一次的大考,没有其他考试。大考
时,解剖学一定有笔试、实习及口试,其他4门都有口试,
但只有一门笔试。至于哪一门是笔试,则要在考试那天由

一女同学抓阄儿来决定。医学院的分数是 10 分制, 5 分为及格, 大部分人是五六分。法国人似乎不看重学院的分数, 他们注意的是医院的竞考 (concours) interne 和 externe, 而不注重谁考第一、第二。我看他们大部分人关心的是毕业后如何能找到好工作、好位置以及每月收入如何, 只有很少数人想深造、当教授。

预备考 externe 是个人的事, 不是非考不可, 但要想考就要先参加 conférence(报告会), 这也是法国医学的一个特点。一般是两个人组织一个 conférence, 一个是内科, 一个是外科, 这两个人都是本年新考取为 interne 者。每星期一次 conférence, 都是在晚间 8—12 点, 地点随讲课人定。每年交若干钱, 连解剖、生理、内科、外科一共大约四百多道题, 每题约两张打字纸。考试是口试, 每题限 8 分钟答完。所谓 conférence 就是预备如何答这些题, 许多法国人是在一年级时就上这种 conférence, 准备考 externe。他们的法文好, 嘴快, 我不能比, 我能考过学院的 4 门课就不错了, 不能奢求。当我升到二年级时, 我就上 conférence, 准备考 externe, 但到快要考时, 二战爆发, 考试停止。待法国停战时, 我已升到五年级了, 当然就不想考了。

从三年级以后就只有口试了, 因此可以全心学习临床。每天仍是

时年 21 岁的石毓澍

上午去医院,下午去医学院。里昂大学医学院的历史虽然只有 100 年,但在法国算是较好的,当然比巴黎要差,其人才也就是巴黎的 1/5。就前期的老师看, 较出色的有:Latarjet(解剖)、Hermann(生理)、Morin(生理)、Policard(组织)、E.Martin(病理)、Mazet(法医)、Soyet(细菌)等。临床有:内科的 Savy、Froment、R.Paliard、Dufourt 等;外科有:Berard、Tixier、Patel 等,那时 Mallet–Guy 只是副教授;儿科有:Mouriquand、Bertoye(Debrousse);儿外是 Tavernier。给我印象最深的是 Paliard,他不是副教授,但学问渊博,分析能力很强,法国式的逻辑思维,能从一个症状分析出病因。随他查房的人很多,我常去参加。Froment 也是一位杰出人才,34 岁就当上了副教授, 他的讲课很好,Hermann 讲课也很精彩。但讲课最好的是理学院的生理教授 E.F. Terroine,听他的课确实是享受,其 dissertation 分析令人折服, 我后来在中国讲课就是采用他的授课方法。此外, Dufourt 对结核病的讲课也很突出。生化教授Florence 不甚突出,他边走边讲,毫无内容。生物物理也不好。医院的病历不很完整,医生保守,到我离开里昂时他们听诊还用木制的听诊器。奇怪的是 1955 年苏联专家也用木制的听诊器。

1937 年我们刚到法国时, 西班牙内战正打得热火朝天,但法国的生活仍然是悠悠自得。法国人的享乐、散漫、自在等特点表现得一览无余。那时我们在 Institut 的生活也很规律,吃住无忧,只有念书。由于每天上午去医院,下班时往往过 12 点,乘车回到 Institut 吃午饭,然后赶紧又回医学院上课,实在太紧张。此外车钱也是一笔开销,因此我们就申请给每人发一张坐车的月票。那时上下山都要走,因为坐 ficelle(crémaillère,有轨电车)又要花钱,时间长了也受不了。不管怎么说,从 1937 年至 1939 年生活还是很规律,我很满足。暑期我很少外出,每天只是去游泳,外出则要花很多钱。寒假天冷则更不外出,旧历年学院经常组织联欢会,我每次都是为吴徵炀拉胡琴,他唱戏非常好,学的余(叔岩)派。他非常聪明,可以说是我见到的最聪明的人,但在 20 世纪 70 年代故去,实在可惜。

在里昂有一个天主教办的华友社(Foyer chinois)是我们常去的地方,地点方便,就在索恩河右岸,那里有无线电收音机,有一大的厨房可供做中餐,可以办跳舞。看电影我们多去 Bellecour 一带的 Coucou、Eldorado、Nouvelles(continu)等,买东西则常去 Prisunic 等百货公司。

在那时期,不断有国内知名人士来中法学院宣传抗日,吴玉章、于斌主教等都来过。1937 年年底,同学中有吴子牧、沈毅、夏龙潭、曹承宪等人愿放弃学业回国参战。他们到武汉时受到董必武的接见,并被介绍到解放区工作。

1938 年秋,德国法西斯利用奥地利纳粹英夸尔搞德奥合并,使欧洲局势顿时紧张。由于英、法的绥靖政策,希特勒得到胜利。到 11 月大学乃得以开学。但到 1939 年春德国又要求捷克把苏台德地区交给德国,理由是那里住着 300 万日耳曼人。此时法国已全民动员。但后来英、法仍采取绥靖政策,张伯伦、达拉第与墨索里尼一同到慕尼黑与希特勒妥协,把苏台德地区让给德国。法国军队复员。到了同年夏季,希特勒又提出把波兰的一部分让给他。这次英法便无法与之和解了。英法想得到苏联的帮助,德国也希望苏联的帮助。结果德国走在前面,在 1939 年 8 月 23 日,德、苏签订互不侵犯条约。9 月 1 日,德国向波兰进攻,随后英、法先后向德国宣战,第二次世界大战开始了。对于我们来说,首先 Institut 被法国军队征用,因此我们必须搬出,最后学院决定搬到 Rue Kohler 的 Maison des Etudiants(学生之家)。我仍与老宋住一屋。早点在那里吃,午晚餐到医学院食堂去吃。不久开始食物定量配给。面包每人每天 275 克,油 15 克,每星期 90 克肉,一瓶酒(1 升)及一包烟。

战争开始时,无线电每天报告是:"战场无可报告,有些炮击。"英、法干看着德国进攻波兰。到 1940 年德军转向西线,很快就占了领比利时,随后是荷兰等国。到 1941 年德军转向法国,英国从敦刻尔克撤退,法国几乎是单独抵抗德军,很快就不支了,于 1941 年 6 月在巴黎近郊的贡比涅签投降书,真没想到法国败得如此之快。我记得是在一个夏天,学校刚考完试德军就进入里昂。我们在 Maison des Etudiants 隔窗看到德军的入城,都是摩托化部队。街上无人,一片寂静。法国人尝到了战败的苦果。

根据德、法停战协定,里昂不是占领区,故德军撤出,法军复员,我们又搬回炮台山。这时法国人的情绪低落,市面萧条。按停战条件,划索恩河畔沙隆为界,其北为占领区,所以巴黎是占领区,在巴黎的中国学生生活很艰难。在这个阶段,我们组织了合唱队,由钱三强当指挥。

在二战期间,上课的人不多,男生多参战去了,剩下的是女生、外国人,以及病残的法国人。讲课的人也不能参战。医院的医生也走了不少,因此很缺人。凡报名考externe的人都可到 Hospices civiles(里昂市管辖的医院)登记,可作为externe 用。我曾报过名,于是未经考试就先当上externe 了。我先到 Perron 结核医院工作了几个月,后来报名到Savy 教授的科室,即 Grange Blanche 医院的 Pavillon N,在那里干了 11 个月,收获很大,为我的内科学打下了基础。这个机会是很难得的,即使平时有很少数人能选上这科,也只是工作 6 个月,而我干了 11 个月。当时的 Chef de clinique 是:Jeune、Romagny、Vachon,而 Interne 是 Galy,都很有水平。1982 年我访问里昂时在 Hôpital Cardio pulmonaire(肺心病医院)见到 Galy,他已是肺科主任,相见甚亲。我邀请他于次年来华访问,并在天津做学术报告,他很高兴。他后来患忧郁症,于 1992 年不幸猝死。

1940 年,由于没有考 externe 的压力,我就决定到理学院学生理学。一年后考得文凭,我又去考普通化学及生物化学两个文凭。当然同时上两个学院是累些,但我终于得到理学院的 licence es sciences,这对我日后的科学研究是很有用的。二战是 1939 年 9 月 3 日开始的,到 1941 年法国战败,军人陆续复员。那时我已四年级末,要开始上五年级了。我做了一年实习后,于次年到 Hôtel Dieu 医院的 Croizat 教授学血液病,同时做论文,题为:*Contribution à l'étude de régénération médullaire dans les anemies posthemmoragiques*("出血后贫血引起的骨髓变化")。我从这个工作中学会了胸骨穿刺及骨髓检查。

1942 年,法国击沉了在土伦的德国军舰,德、法关系进一步紧张。德国撕毁了原来的停战协定,军队进入原来的非占领区,里昂也就再度被德军占领。德军要征用 Saint d'Irénée,我们又得搬出。10 月,德军限我们 48 小时搬出,每人自找出路。于是我们就各自分散住进法国人家里,成为寄宿生,每人每月领大约 1500—2000 法郎,自己生活,这就无所谓非住在里昂不可了。我找到 Montplaisir 的一间房子,房东是 Madame Luteau,他们家是一个二楼的单元,我的房间是单元外的一间独立的很好的房子,但是东房,夏天热。我住了一年,然后搬到老宋住的房子(Rue Omer Luis),老宋去巴黎学习了。在这里学习和生活用品不缺,只是到最后毕业论文的印刷成了问题。中法学院的负责人 M.Dubarbier 以经费困难为由不愿给印论文。但大学要求必须交 40 份印刷的论文。Dubarbier 的意见是先打 4 本,论文通过,以后过几年条件好了再印。我们认为论文通过后,我们都回国了,没有机会再来法国印论文了。在无法解决问题的情况下,我们只好找医学院院长 M.Hermann,请他协助。这位平时很严肃、作风专断的人当时却非常同情我们。他当即打电话给 Dubarbier,商量结果即决定每人给印120 份。我体会作风很严肃的人比和气、滑头的人更能解决问题。

1944 年 6 月 12 日,论文通过了,我获得了医学博士学位,终于熬出了名堂。学业告一段落让我很高兴,但并不很兴奋,因为很多人都能得到这个名堂。关键是下一步走入社会后能否顺利找到工作,还不可知。不久我就到巴黎学习去了。

我在法国学习共 8 年,其中有 7 年是在里昂。要问我在里昂时最盼望的是什么,无疑是能接到家信。我非常惦念家中的生活,曾给家里寄过两次钱。在法国的最后一年,我通过论文答辩后便前往巴黎学习,直到离开法国。在里昂的7年里, 只有三年多是住在 Saint d'Irénée 炮台山,我认为这个学院还是很好的,学习气氛很浓厚,平常晚间到11 点熄灯,如果要开夜车则可到二楼,那里通宵有灯。这个学院也造就了一些人才。但毫不讳言地说,也养了一些懒人,有些人回国后只能教教法文,有的连法文也教不了,良莠不齐。

我去巴黎时,老宋已去一年了,他在 Polonovski 教授的实验室做生化方面的论文。我是 1944 年秋天去巴黎的,那时巴黎刚解放不久。从里昂去巴黎要先登记车票,由于桥梁破坏,要到 Oullins 上车,而且是清晨开车。我于头天夜里住在 Oullins 的吴新谋家,次日一早登车北上巴黎。车内拥挤不堪,车行约 12 小时,上厕所很难,只好憋着。到巴

1988年，石毓澍在法国里昂市政厅被授予"里昂荣誉市民"称号

黎时天已黑，幸好老宋在5区Rue Royer Collard给我预订了一间小旅馆，屋子约八平方米，内有一张床、一个小桌及一把椅子和一个洗手池。旅馆里冬天是不生火取暖的，因此我在巴黎度过了一个很冷的冬天，不过医院里还算暖和。那时除老宋外，还有几位同学在巴黎，如朱锡侯、张起谭、熊启渭、吴斌等。我和老宋吃了几个月的Resco（救济餐），那是巴黎政府为没有钱的人设的免费饭馆，只收粮票，饭菜只有一盆汤和一点儿菜，看不到油星儿。

那时国内得肺结核病的人很多，我家里就有三人死于此病。为了回国能在肺结核病治疗方面贡献微薄之力，因此我到巴黎学习的重点放在了结核病方面。经人介绍，我去了Hôpital Cochin医院的Ameuille教授那里学习肺科，其下的 Canneti 大夫也很出名。那里的设备、水平比里昂强。我在学做气管镜检查时认识一结核疗养院的院长,他那里经常做气管镜、人工气胸及 section des brides(粘连切断术),他正想找一名 interne。这太好了,这正是我所要学的,而且去那里不但吃得好,还有薪金,于是我决定去。这个结核疗养院是在巴黎的近郊,叫 Neufmutiers。我在那里学了不少东西,可惜干了几个月后医院因负债累累而不得不关门,我又回巴黎。一次去"学生之家"时看到法国中部小城 Nevers 医院正在找 interne,经写信联系,竟很快得到回信,同意我去做 interne,我便前往。这个医院的床位不少,至少有 500 张,internat 很大,可供 10 人用,但我到时,由于战争关系,只有我一个人。我可以参加各种手术,但须每天负责处理急症,所以工作很忙,学到不少技术。然而好景不长,到 1945 年 7 月接到老宋从巴黎来信,谓有飞机可以回国,如不回去,则以后要自己负责。我当然不能放弃这个渴望已久的机会,于是辞去了这里的工作,回到巴黎准备回国。

就我个人来说,当时很想回国和母亲一起生活,让她无忧无虑地安度晚年。从我所学的医学来说,我想,要干临床工作就一定要回国干,因为国内太缺乏西医人才了。回国是大家长期以来的愿望,多数人是想回国的。我们那一届 14 人中,留在法国的只有 5 人。我回到国内工作了几十年后,回顾一下法国的医学教育,觉得法国的医学教育比较保守,他们较注重天才教育,教课也是自由发挥个人的观点,而不讲基础知识,所以很少有教科书。而美国则很强调基本知识,有各类教科书,中国好像是学美国的一套。美国医院着重常规,法国则要凭各人的判断用各种检查来支持诊断,中国的医生似乎分析能力差些,任凭常规化验来判断。我在天津临床讨论会上发现大多数医生缺少分析能力,像 Paliard 那样的人一个也没有见过,这可能与我们缺少伦理学方面的训练有关。另外,法国医院里的科学研究比较差,很少搞发明。Alexis Carrel 是里昂人,曾获诺贝尔奖,但他的研究主要是在美国做的。Leriche 是一位杰出人才,他倒是在里昂工作。法国的医院里很少有实验室供研究用,老一辈人多不会英文,他们很自负,有些傲慢自大。

六、二战时期的生活

在二战中影响我们生活最大的是吃不饱,挨饿是当时法国的普遍现象。但对我来说,这一辈子至少有 1/5 时间是在饥饿中度过的,挨饿成为我生活的一部分,甚至是重要的部分。大家都公认自由应当是与生俱来的,但没有人说过温饱也是与生俱来的。中国人对此有很深的体会,所以见面常问"吃了没有";把找到工作说成"有了饭碗",失去了工作说是"砸了饭碗",有稳定工作说是"铁饭碗"。

虽然我上小学时父亲就失业了,但还吃得饱。到我上高中时家里收入少了,确实是食不果腹,不少时间吃不上午饭。到1937年有机会来到法国求学,确实吃了两年饱饭,而且是洋餐。但是好景不长,1939年希特勒发动战争,老百姓首先受影响的是食物限制。换言之,要挨饿。法国人总能找到农村的亲友帮助买到食品解决需要,但客居在法国的中国留学生可就困难了。二战刚开始时,食物限制并不很严格。到1941年法国战败,德军占领法国的大部分领土后,法国实行了严格的食物配给制度,每月发票证,并将市民分成几类:18岁以上是A类(Catégorie A),每天面包275克,油15克(饭馆规定中午10克,晚饭5克),肉每周90克,糖每月500克,葡萄酒每月4瓶,香烟每星期2盒(只给男人,不论是否吸烟)。18岁以下为J类,J类又分J1、J2和J3,面包多些,每天350克,每月有500克果酱,但无烟、酒。产妇和老人另有规定。

为了解决吃的,有的同学在学院的后山种了些土豆、洋白菜等。这需要开荒地,要费很大力气。我没有种地的经验,觉得消耗的体力与吃种得的东西所得的热量差不多,所以我没有去种地。全院六十多个人里大约有六七个人种地,多数人是在增加面包量上想办法。我们在留学法国的期间,同学都很守法,唯恐失去国格,所以St.Just附近的居民、铺子、商店对中国学生都有良好印象,这在困难时期我们得到了好报。那时法国常吃的面包是2000克一个的长面包。如果你拿50克的票买,老板娘很难一刀准确地切下

50 克(50 克只是一薄片),如果切少了,她会再切一点儿,结果就多于 50 克了。碰到好运气,50 克的票可买到 100 克面包。而要用 500 克的票去买,也顶多买到 550 克。但收钱则按面包实际的重量收,票可以少收,钱不能少收。事实是St.Just 的几家面包店都知道我们的情况,都有意识地多卖给我们一些。我们了解法国政府给面包店 10%的 tolérance(允许误差),卖出的面包比收回的票可多 10%,我们对此心知肚明:老板可以多赚点儿钱,我们可以多吃点儿面包。这就是"双赢"吧。

但仅仅用这种办法每天最多吃到 350 克面包,还是不够,而且买得也很辛苦。我们还有另外的筹码,那就是香烟和葡萄酒,这是最吊法国人的胃口的东西。一瓶酒可换1000 克面包,一包高卢牌香烟可换 500—1000 克面包。这还不算,陈俭和我还发现在靠近 L'Antiguaille(地名)附近有一家面包店, 老板暗示不必给票就可以卖给我们 1000 克面包。我们分别去买 2000 克一个的面包,回来分着吃。当然这不能天天去买,也不能扩大范围。总之,面包问题算解决了。肉和菜的问题就比较难解决了。在中法学院后山有人挖出一种类似土豆根茎的食物,法国人叫它 topinambour,即中国的鬼子姜(洋姜),煮后可吃。它可填饱肚子,但缺点是产气多,引起放屁。那时好像老是想吃,始终有一种饥饿的心理状态,老在想一旦食物不受限,一定要大吃。那时人人在消瘦,但很少有浮肿,这可能与食物的成分有关,也就是说多少有些蛋白。里昂大学医学院生理教授 Hermann 曾撰文写过配给的食物热量及成分计算,法国人很注意这件事。不过我个人并未瘦很多,可能已经够瘦了,也可能我能适应挨饿。

黑市也有,但太贵,我们无力担负。黑市多在农村的农户内,城市里没有。另外,不论何人,高官、工人配给量是一样的,没有特殊照顾。法国是战败国,但仍保持良好的品质,街上更没有假烟假酒,也没有借机发国难财的,人民都知道守法。当然他们对食物限制是不满的,但爱国心很强,全国各地都在抵抗德国人,当然也有法奸。

除了食品外,其他东西也受到限制,穿的方面对我来说主要是皮鞋,不但皮子不好,而且鞋底是木头的,由十几条横木条组成,固定在一张薄的皮子上,穿上后走起来"咔咔"作响。我们有时到跳蚤市场买旧皮鞋。1942 年,我搬到 Place Montplaisir(地名)的 Madame Luteau 家住时,她丈夫在里昂市政府工作,他给我找了一张皮鞋票,我买了一双皮鞋。他很热心,还问我需要什么。但后来知道他是管殡葬的,心想:我身体还好,暂时还用不上。袜子也不好买,女人穿的袜子更不好买。Prisunic 公司的门口贴了一张大广告,上写:这里有代替丝袜。其实没有什么袜子,只是旁边放着一瓶有颜色的水和一个刷子,需要的人可拿刷子蘸色水刷大腿,乍看上去像穿了丝袜。

1944 年 8 月巴黎解放,戴高乐将军进城,大家都跑到星状广场去欢迎、庆祝,当时真是举国欢腾。街上也能看到被剃了头的女人(战争中卖身投靠德国人的女人)在游街,垂死的法奸也时不时地到处放冷枪,报上天天登出全国清除法奸的消息,贝当、赖伐尔在受审,法国的秩序在迅速恢复。令我深深感动的是卢浮宫油画的保存。当巴黎要被德军占领时,卢浮宫的负责人担心油画会被抢到德国去,如何处理这批国宝？令他心急如火焚。最后他想到除政府藏一部分外,还要发动群众,由巴黎人分头收藏1—2张画,这样几天内都藏起来了。到1944年德军败退后,油画一张不少地被送回了卢浮宫。从这件事可以看出法国人的爱国心,他们高尚的道德品质是不可战胜的。真应了毛泽东的话:"人民,只有人民才是创造世界历史的动力。"

七、法国生活琐记

1.法国人与哲学

法国有丰富的民族文化,历史上曾产生过像笛卡儿、孟德斯鸠、伏尔泰、卢梭、狄德罗、萨特这样在世界人类文明史上占有一席之地的大思想家和哲学家。耳濡目染,很多法国人都不知不觉地沾上了几分学究气,所以怪不得法国人个个能"侃"。我于1937年刚到法国时,班上有几个同学每星期日组织小型音乐欣赏会,约我去参加,他们想有意了解中国人对西方音乐的感受。我倒是很想学学如何欣赏外国音乐，便去参加。与会的只有五六个人，其中有一位四十多岁的音乐家参与指导。我那时只是一个 19 岁、只去北京广和楼听过一次京戏的小伙子，对这个音乐欣赏会很新奇。那时在法国是用留声机听唱片，他们每听一段就讨论一次。在听一段古典音乐的唱片后，我还没有闹懂什么调，他们就叫我发言谈谈感受，我只能说很好听。那位音乐家问哪段好听？你有什么感受？天哪！我对付不了这些问题。其他法国同学则侃侃而谈，有声有色，而我就像是个未开化的人，丈二和尚——摸不着头脑。我老在想这些法国人哪来的这些词儿？后来明白了，他们很注意哲学学习。这是他们人生修养的一部分，不是随便道听途说来的，他们对一段音乐、一张画、一本书都能说出自己的感受，提出意见。他们在一起吃饭时，很少谈哪个菜好吃，喜欢喝什么酒，更不会大声劝酒、干杯等。他们老在谈最近出了一本什么小说，讨论某个画展等，显得那样高雅。我则搭不上话茬儿，我没有受过他们那样的教育。

为什么高中要上哲学课？这个问题对法国人而言，就等于问我们为什么要上数学与语文课一样，似乎本来就是理所当然。根据法国教育部颁发的大纲，哲学课目的是"要培养学生的批判性思维并建立理性分析坐标以领悟时代的意义"。说得通俗一点，就是要让学生发现自我价值，学会对周围司空见惯的现象说"不"，在未来的实际工作中养成创造性的思考方式。难怪法国人在一起好像老是在辩论、争吵。法国的哲学课并非玄之又玄与社会生活无关的，也非专注古典理论与时代脱节。法国高中哲学课包含之广，如一门综合的基础人文学科。

哲学课都教些什么呢？哲学课程基本分为五大类和论文写作训练，这五类是：主体、文化、理性与实现、政治、道德。

主体包括：意识、潜意识、概念、欲望、存在与时间。

文化：宗教、艺术、历史、语言逻辑则在文化哲学的领域。

理性与现实包括：科学理性、精神与物质、理论与经验、表达与创造、理性主义的批判、何谓真理等。

政治哲学包含了政治的概念，何谓统治执政、民主思潮与经验、正义与法律、法律秩序、平等观念与正义、法律国家概念、价值交流等。

道德哲学：审慎与智慧、善与恶、自由精神、何谓义务、幸福、道德等。

每个细项都有数篇文章，从柏拉图、亚里士多德、笛卡儿、蒙田、卢梭、迪德罗、康德、黑格尔、孟德斯鸠、托克威尔、孔德、洛克、尼采、马克思到班雅明、弗洛伊德、拉冈、沙特、梅勒-彭迪、俄伦特、阿德诺等都能找到。

高中哲学老师都是哲学系毕业，经过哲学教师特考合格。每个老师授课的内容不尽相同，而且也不见得要从参考教材上选文章。他们根据五大类的基本范畴，时时变换教材，他们的教材都从西方哲学、社会学、政治思想史、人类学、精神分析学与艺术史的大海中选取,不限于法国的哲学家思想,反而多方撷取精华,也不受制于意识形态,完全以人类社会的演进为主轴。他们认为,高中哲学课应该教授人类思想与文明的演进。

高中生上哲学不会太难吗?法国人认为:当然不会。与人类社会息息相关的知识都不能说难。他们认为,高三的学生应有能力阅读卢梭的《爱弥儿》《社会契约论》或弗洛伊德的《梦的解析》,至于柏拉图的《共和国》、康德的《纯理性批判》、马克思的《资本论》、萨特的《存在与虚无》等,学生不懂就让老师展现功力。从大项目起,逐步增强学生对每个主题的认知与批判能力,然后再训练学生如何答题说写论文。

法国内部曾经对于学哲学有反对的声浪,理由是这样做太精英教育了,不是每个人都能了解深奥复杂的哲学理论。当时,哲学课程濒临废除的边缘。以Jacques Derrida为首的一群哲学家认为,其实不是哲学课程太难,也不是一般人不懂,是不会教的问题。也就是说,问题出在教学方法上。当时,他们为了证明这件事,这群哲学家亲自到高中教哲学,并拍成录像带,公开放映!结果,事实证明,真是那些中学的哲学教师不会教哲学,而不要哲学思辨只属于某一小群精英。后来,高中哲学课程还是被保留下来。

哲学课程能够产生的具体影响是什么?去过法国的朋友会知道,"哲学咖啡馆"在法国大行其道。有些街头普通咖啡馆每周固定开辟专门的时间(一般不超过两小时),聘请一两位主持人,组织咖啡馆的客人探讨哲学问题。经常组织哲学讨论的咖啡馆在巴黎有三十多家,在法国全国有二百多家。其中最有名的是在巴黎第四区巴士底狱广场的灯塔咖啡馆。那里是法国哲学咖啡馆协会的总部,定期出版《哲学咖啡馆月刊》,报道各地哲学咖啡馆的活动情况。每个哲学咖啡馆都有自己的特色,每次参加讨论的咖啡客从十几人到几十人不等,既有教师和大学生这样的知识分子,有来自企业的职员和工人,也有刚从菜市场出来的家庭主妇。

通常讨论开始之前, 主持人首先征求参加者的意见,确定一个讨论题目,题目可大可小,有虚有实。比如:我们愉快吗? 你认识自己吗? 人们必须永远说真话吗? 寂静是否是灵魂的音乐等等。客人们你一言我一语,围绕着选定的题目自由发表看法。主持人适时幽默插话,或者引用一句名言警句,起个穿针引线的作用。讨论到兴致勃勃的时候,客人们往往不是叫一杯咖啡,而是大声招呼服务生"伙计,拿纸笔来!"以便记下稍纵即逝的思想火花。

法国人的哲学无处不在, 也体现在他们的生活暗语中,不知道就会闹笑话。1937 年冬我刚到法国三个多月就到圣诞节了,那时我的法语还差得多。一位热情的法国同学 Gonnet 约我在圣诞节后一天到他家参加舞会。我推辞说我不会跳舞想谢绝他的邀请,但他坚持要我去,他说不会跳舞可以负责唱片机,按照排好的次序放唱片。这不困难,我就答应了。我到他家后就按他要求放唱片,就在一切进行得很顺利时，忽然有位小姐急忙跑到我跟前，问我："Pardon Monsieur, où se trouve le petit coin?"（对不起先生，请问小"角落"在什么地方？）所谓小"角落"是法国女人的一种隐语，实际是指厕所，就好像我国有人说"1号"是指厕所一样。但当时这对我来说太深奥了，我在思索她说的是什么意思？为什么问我这样的问题？但她则由于尿憋的原因表情很紧张，要我快点答复，而我也慌忙地从脑瓜中找答案。她的痛苦表情逼得我走投无路。我环顾房子的四个角，比较它们的角度，然后用手指着房子的一个角，贸然说道："小姐您看，我认为那个角可能最小！"此话一出引起一片哄堂大笑！其实房子的4个角都是一样的。这也算是一个法国式幽默吧。

2.露营体验

1942年夏天，里昂的天主教组织一些大学生到上比利牛斯省去露营休假，大部分费用是教会出，个人只交很少的钱。我已记不得是何人与教会联系的，主持夏令营的神父的名字也想不起来了。当时被邀参加的除我以外还有王振基、魏登临、陈翔冰、卫念祖和邵承斌，共6人，法国学生约五十多人，露营为期14天。

那是8月的第一天，天气很热。我从中法学院出发，沿着一条向东北方向的路下山。这是一条近路，但很陡，是去大学文理学院的捷径。下山离Perrache车站就不远了，我凭交钱时领到的取火车票证明，在车站售票处顺利取了票,记得出发时间是在一个星期后,之后高兴地便按原路往回走,半路上我感到很热,便把西服上衣脱下披在身上,待我回到宿舍后想拿出票来再看看,忽然发现装有火车票以及身份证、面包票、油票的塑料夹子不见了。我又摸了摸别的口袋,都没找到。这可把我急坏了,如果丢了,不但不能旅行,而且连身份证、配给的食物票证都没了,吃饭也成问题了。我急忙按原路走下山去找,一边走一边仔细地看地上的任何东西,心里非常焦急。虽然我抱着很大希望,但是一直走到山底都没有找到。我又原路上山再找,一直到Institut我都没有找到。我气馁地在想下一步该怎么办?先到 St.Jean 警察局报案,办新的身份证,然后再办食物的票据。在我下楼吃饭时,忽然一位同学喊我,说刚才一个法国人来找我,他捡到我的证件,并留下地址,叫我亲自去取。这是特大喜讯,我赶紧吃完饭就出去买了两瓶酒,按地址去找拾到我塑料夹的人,这位恩人就住在 St.Just。到他家后与他全家人见了面,他是一位工人,很友好地把塑料夹还给我,里面的证件一样也不少。我衷心向他致谢,并真诚邀请他们全家于星期天来 Institut 做客。他们非常高兴,因为他们虽然住得离我们很近, 但从来没有参观过 Institut,那天我准备了饼干和酒招待他们。

　　去 Hautes Pyrénées 的日子终于来到,我们一行 6 人带着小包去车站。按号上车,见到同行的神父和法国同学。这列车的行程是:里昂—亚维农—蒙比利埃—图卢兹—卢尔德—安尼山。大约当晚才到 Mont Ani 的山谷,大家一起搭

帐篷,每个帐篷内放 8 张行军床,总共有十来个帐篷。我们
6 个中国人分住在 6 个帐篷里,每个帐篷有一个负责人,
我住的帐篷负责人是一位中学老师。教会办这件事是为促
进不同种族的人互相了解,所以有中国人、非洲人、越南人
等参加。但是教会的好意并不能得到所有人理解,有些法
国青年头脑中存在着种族歧视的偏见。按规定每个帐篷每
天轮流有一个人做卫生,主要是扫地,整理床铺则是归个
人去做。这项规定最初执行得很好,但一个星期后,我的帐
篷的负责人竟叫我天天做卫生。于是我向神父报告了此
事,他找来那位中学教师,但这位教师竟说他未注意到这
件事,以后又改为轮流值日。

　　每天三顿饭,早餐自取,午饭及晚饭的端菜、洗碗、擦
桌等则是全体学生轮流值日,每天有四五个人值日。这件
事本来做得很好,但后来连续几天都派我们几个中国同学
值日。于是我们找神父提出抗议,并要求退营。神父说他也
注意到为什么这几个中国学生连续值日,表示一定要改
正,并劝我们不要退营。我们说,教会请我们来参加露营是
出于善意,但接二连三发生此类事情你们竟坐视不管,只
有当我们提出时你们才管,说明有种族歧视存在。因此我
们要求退营。双方谈了很长时间。最后我们要求神父在吃
饭前向大家说明这件事,并向我们道歉,否则我们退出。神
父照办了,因为他知道如果我们退出,他无法向上级交代。
有人的地方就有是非,中外皆然。

　　露营有两项活动很有意思,一个是登山,另一是文化

交流。有一天组织了十来个人去攀登一个山头,由一个有经验的人带领,爬了约五个小时,到山顶上吃点饭,然后就下山。真是上山容易下山难,山上有积雪,一不留神就会溜下去,如控制不住,就不知溜向何方,那很危险。文化交流也很有意思,可以听到各国人讲他们的风俗习惯。我也被要求讲些中国的事,我讲了一段汉语的读音,平上去入,把他们震了一下,弄得他们很难分清。

露营结束后,我们 6 个人自己回里昂,决定坐火车在主要站下车观光,然后坐下趟车再走,不住旅馆。这样当然累人,但机会难得。我们先到 Lourdes,这是很著名的宗教圣地,也是著名的温泉疗养地,据说很多病人来到这里喝点儿泉水,做祈祷后病就好了。尤其是下肢瘫痪的人来此地洗温泉、祈祷后就可以痊愈,丢下双拐,自己走回家。我们看到很多拐杖堆在神像两侧,我想这些病人可能是癔症,以为洗温泉、祷告就能治愈病是神经有病。

在 Toulouse 时,我不慎将左手食指碰伤,有点儿感染,费了不少时间去医院急诊换药、包扎,所以在这没多停留就登车去了 Montpellier。Montpellier 是个好地方,濒临地中海,气候较热,街上很热闹,人也很热情,与里昂人的冷漠形成对照。这里的饭馆不到晚上 8 点是不开门的,我们本想 7 点半吃饭然后上车,但这是不可能的。这里的人吃得晚、睡得晚,可能就起得也晚。

到 Avignon 时我们非常疲乏,都没有精力去玩儿,因此都没有下车,直回里昂,结束了这次露营。回里昂后,大学教区的神父找我们谈话，对在露营时发生的事表示歉意，并说在战争时期如我们的生活有困难他可以提供帮助。他拨出公园附近的一所房子内的一大间屋子免费给我们住，经商量后决定由魏登临等3人去住，我因那里距医院远而未去。但我们都可以到天主教大学生饭厅(Maison des étudiants catholiques，简写为 MEC)吃饭，那里的饭很好，而且便宜。在那里我认识了不少人。回想起我们那次到 Hautes Pyrénées 露营还是很有意思的，那是一次难得的机会，了解了不少法国学生的生活习惯，接触了一些国家的学生，走马观花看了几个法国的南方城市。

3.看守桥梁

二战初期，法国在德国的强势进攻下战败并宣布投降，但法国的游击队很厉害，经常破坏铁路、桥梁等。于是德国占领军就让法国人在夜间看守桥梁、铁路交叉口等。有一天早晨，我接到第五区政府(我住的地方是属五区)通知我去报到，接受看守桥梁任务。真是祸从天降，因为人人都知道看桥的人要夹在法国游击队与德军之间，两面受敌，是个很危险的任务，但又不能不去报到。我到区政府时已有不少人在排队，轮到我时，办事的人说我应当在一个月内每10天轮一次去郊外看守桥梁，每次是一夜。换言之，我要去守三次桥。

由于我的法文名字是 Che，按字母的顺序，在 Institut 的同学中首当其冲，所以来不及与其他同学商量。我对办事的人说我是外国人,是否可以不去。他认为,我可以向里昂市政府找一位市长助理去申请,区政府做不了主。我当即前往,受到这位助理接见。我说明情况,但他说我必须去。事实上区政府已与这位助理联系好了,所以我见他只是形式。我想此事决不能就此罢休,区市解决不了,何不到省政府去试试。于是就到罗讷省省政府所在地萨克森大道去,向看门的说明要见省长讨论看桥的事。

　　进门后见到一位穿古装的人,其打扮就跟电影里看到拿破仑的士兵一样。我以为他就是省长,向他鞠躬说:"省长先生,您早安!"他说:"我只是省长的卫兵,如果你想见省长要先见他的秘书。"于是他领我去见秘书。真是踏破铁鞋无觅处,得来全不费功夫。我一见到秘书就乐了,原来这位秘书是法学院的学生,与我同在天主教饭厅吃饭,我们早已认识。他问我为何而来,我说明原委。他告诉我要写一份申请,说明不应看桥的理由,然后交给他,他就可以向省长提出不看桥的意见,请省长批示签字就行了。我当即回家写了份申请,理由有两个:①我是中国人,在法国无警察权,所以不应该看桥。②我是来法国学习的,法国有规定,而且居住证上也写明不能参加工作。由于这两个理由,我的申请竟然成功,被免于看桥。不仅如此,Institut 的所有中国同学都免于看桥。因为此事,我于当年被推选担任里昂中国学生会主席。

4.奇葩鸳鸯

1934 年，只有一位中国女学生被批准为中法学院的学员，并住进 Fort St.Irénée。这位被称为孙小姐的当时年仅19 岁,相比其他学生算是很年轻的。她的身材瘦小,脸色黄里透红,偏分的短发配上端正的五官,显得格外精神。她喜欢穿古铜色的衣服,帽子也是古铜色的。她很有口才,法语讲得很地道,不愧为法国中学会考的佼佼者。但是造物主不能把所有的好事都给一个人,小孙(这是同学们称呼她的方式)的遗憾是她有癫痫病,大约隔几个星期就发作一次,发作时不是倒地抽风,而是眼睛发愣,全身僵直不能动,几秒钟就好。所以过马路很危险,当然更不能开车,就是骑自行车也有风险。刚刚会考完的孙小姐并没有心思考虑到外地度假,这倒不是她不想休息以缓解中学会考带来的疲劳,而是由于她的父母将于近期回国,她很想多陪陪他们。1927 年,她刚从沈阳的小学毕业时,她父亲就被派到中国驻法使馆工作,她们一家三口便来到了巴黎,两年前又随父亲工作调动来到里昂。现在她高中毕业了,会考也结束了,而父母亲却要回国了,把她留下来希望她继续在法国学习。面对最亲的亲人离别和自己未知的前途,孙小姐心中充满惆怅。父母走后她将独立生活,她希望能进入里昂中法学院,这样生活既有了保障,而且以后可以升入里昂大学读她喜欢的法国文学。但是中法学院坚持会考成绩必须是"优"才考虑接受。所以她心中也为此忐忑不安,只能留在里昂等待会考结果。

功夫不负有心人,到9月初公布会考结果,孙小姐以优异成绩通过了会考,中法学院决定准予录取。她的父母自然很高兴,放心地告别了女儿回国,并相约将来在国内见。

1934年时,女生只有5个人,她们可以每人住一间屋子,男生则有四十多人,只好两人住一间了。多数人是在里昂大学读学位,少数人到外地学习里昂没有的专业,如矿冶、水利、农业、各类工程专业等。孙小姐读的是法国文学,在做博士论文之前要先读三个文凭, 得到学士学位(Licence),这要用三四年时间。好在她有法国中学的良好法文基础,读起来还不太吃力。不但如此,她还用业余时间写了一本侦探小说,足见她有很丰富的想象力。

一个人太强了在集体生活中也不一定是好事,就像拳击手找不到适当的对手,打起来不能兴奋,看的人也没有兴趣。小孙就处于这种状态。她的法语至少在女同学中无人能比,而且她的思维敏捷、知识面广也是很突出的,自然而然她就要向男同学出击。学理、工、农、医的人既无闲情也无兴趣陪这位女文学家闲聊,倒是有一位姓黄的学哲学的同学很愿意和小孙讨论问题。老黄是1933年从上海来里昂的,他身材中等,戴着一副近视眼镜,思想很活跃,中法文都很好,说起话来真是口似悬河,好像古今中外无所不知。也就是因为思想活跃,所以在上海读书时他便加入了一个所谓托派组织。

　　老黄来到里昂想读哲学,但他必须先读学士学位后才能进入哲学研究。对这样一个能说会道的人,造物主也不会不给他一点儿颜色看。就在他来法国之前患了一次左颜面神经麻痹,这就使这位聪明外溢人的面孔发生了变化:左眼明显小点儿,整个左脸向右斜,好像是为了矫正思想的"左倾";爱说话的嘴也向右斜,而且向前突出;如果把眼镜去掉,只看他的头,确实没有美的感觉。

　　老黄有时与小孙一起到大学上课,因为他们选的课相同,所以不乏见面的机会。但老黄到东楼常遭门神 M. Rambour 的挡驾,于是只好约小孙到咖啡馆、阅报室等地相聚。文学家与哲学家可谓气味相投,当然所谈的内容都是空洞的话题。老黄认为,哲学是最高的学问,而小孙则认为,即使按哲学的定义说科学的科学是哲学,至少文学不包括在哲学之内。黄则认为文学是社会科学的一种,所以也是哲学要研究的对象。究其实,老黄的表现好像不是在研究学问,而是有凌驾他人之上的野心。按他的逻辑,如果哲学要是成为研究一切学问的学问,老黄不就是一切学者的头头了吗?所以为了这个定义他们展开了很多天的争论,可以说是控制与反控制的斗争。有时他们讨论的声音很大、很激烈,好像就要动手了。这是公费留学的缺点,吃饭没有问题时就要无事生非了。这只是举一个例子。其他在别人眼中那些不是问题的问题,有时也会出现激烈的交锋。

　　其实不是所有学哲学的人都这样研究学问,在中法学院就有另一位学哲学的刘槐同学,他从来不说话,每顿饭后,口里叼着一根长草,在院子里来回溜达,不分冬夏,少说也有一小时,好像在思索问题。什么问题?外人不得而知,只有他自己知道,所以显得很深沉。有人问过刘槐为何不参加黄、孙的讨论?他用山东话回答得很深刻:他们不是在讨论学问,他们的争论是在用一种特别的、激烈的方式表达爱情,别的人不要参与,譬如男女俩人正在接吻,你不会上前劝解。还是哲学家观察分析问题深刻,从此大家对这对男女青年的讨论也就换了一个角度去理解了,用现在的话说就是"理解万岁"了。

到了 1936 年,老黄得到文学学士,就申请到巴黎跟一位名教授做博士论文去了,看来名教授比小孙更有吸引力。小孙对此不是没有察觉,但仍在里昂读文学学士。暑期时老黄仍回里昂休假,俩人仍不乏讨论新的题目。

1937 年,从北平又来了一些新的学生,其中有一位 22 岁学数学的男青年,姓吴,是一位很聪明的青年,这是大家公认的。这位原籍河南的学生自幼随父亲做官而来到北平。旧的官僚家庭是不让孩子上学校的,多是安排到一间私塾去学四书五经。小吴在十四五岁时才经人介绍入了北平中法大学高中一年级,对于只懂得"子曰……"的人,什么代数、几何、物理等真是一窍不通。但是一年级后,小吴的数学就在全班考第一,而且以后每年考试都是第一,来法国后,他的数学也是第一。此外他对京剧很入迷,学余叔岩可谓惟妙惟肖。他还自学钢琴,对法国文学也很有兴趣。

在一次联欢会上，他一人饰男女两个角色演Molière(莫里哀)的 Ecole des femmes(《太太学堂》)，对话长达半小时，使法国人都感到惊讶。这样一个聪明人只一年就考过学士全部科目。1938 年起就开始做博士论文，但十年后他才完成，这是后话。

不知什么原因，在中国的时候同学就给小吴起了个外号叫"小龟"，这个绰号一直带到法国。有的同学往往不知他的真名，但无人不知"小龟"是谁。他的精力在大学的功课是用不完的，还特别喜欢文学，读了不少法国的经典著作。当老黄从巴黎回里昂休假时，俩人恨相见之晚，现在可找到对话的伙伴了，也可以说是对手了。他们之间的谈话似乎融洽多于争论。这也可以看出争论也许是异性相吸的一种表现，而没有争论也许是同性相斥的结果，对这二位来说是同病相怜。通过老黄这个"桥梁"，小孙与"小龟"的线路接通了。此后，文学家、哲学家与数学家这三个吃饱了没事干、有抽象意识的人就常常一起讨论一些根本不存在的问题。人们说这三个人连一顿饭都做不熟。这三个人可以说是一个等边三角形的三个点。三角形的中心不是别的，而是一支香烟。老黄是一个有多年烟龄的老烟鬼，小孙与他认识没有学会别的，只学会了吸烟；"小龟"来法国时本不会吸烟，现在也吸了。

这个空谈小组之所以存在恐怕与异性成员有关。他们自命学问很大，而别人则认为他们是人类的稀有品种，是元素周期表上都找不到的。锦上添花的是"小龟"，又把他的好友、也是同行小靳拉入这个小俱乐部。小靳是个仪表堂堂的数学家，个子较高，不吸烟，不喝酒，是1935年来法国的，现在正在做博士论文。他不善言辞，但常微笑，很少在中法学院露面。不幸的是他得了肺结核，而且还有空洞，所以他常常住在疗养院，论文都是在疗养院里做的。他在这个空谈小组内可以说只是一个观察员，很少发表意见，对什么观点都报以微笑。这种微笑可以是缓冲剂，有时也可以是触发剂。但时间长了，三角形的格局发生了变化：三个角成为三个男人各据的一角，小孙居于中心，不管你多么超群，有多大学问，爱情的框架是谁也挣脱不开的。随着小孙的观察变化，三角形的形状不时在变化，有时呈等边三角形，有时是等腰三角形或直角三角形。

　　1945年，二战结束了，小孙的论文也已通过了，她准备回国工作。她的父亲已故去，她准备与母亲团聚。她已经年近而立，不能不考虑婚姻大事。看来要从这三个人中选一个。这很难，挑选谁与不挑选谁是同样困难。依认识的先后，老黄是老朋友，当然要先考虑；依相貌看，小靳是首选，但他缺乏文学修养；"小龟"则可把被列为总分第一。她日夜在盘算，生活是现实的，不需要什么高深的理论。进一步的了解知道老黄是不想回国的，从他的言谈话语中，知道他对曾参加过托派组织是有顾虑的。老黄也不愿意"小龟"回去，他可能是要找一个精神陪伴。当然"小龟"的论文也还未完成。老黄也不愿小孙回国，希望维持三角形。小靳的论文即将通过，他是要回去的。小孙在回国与三角体的问题上左右摇摆。最后，回国的念头占了上风，她决定与小靳结婚。这对老黄和"小龟"来说是一重磅炸弹，这两位好研究抽象学问的人遇到了具体的问题，他们好像被一道预知的雷电击倒，怯懦地趴在地上，清醒过来后，想想今后如何了此余生。他们共同失恋了，再也遇不到像小孙这样的人了，从心里就想这一生矢志独身。他们将风雨同舟，相濡以沫，谁也离不开谁了。唉，无可奈何花落去！

1946 年秋，小孙和小靳双双离开法国，回到向往已久的北平，他们住在小孙的母亲家。那里有两间套房可住。后来小靳到一所大学任教，小孙由于怀孕暂时未工作。她的法国文学虽好，但中文却很差，很难找到合适的工作。现在俩人先过起小日子，指望明年生个小孩儿，将是文学与数学的结晶。一切都好像生活在美好的梦幻之中。到了次年开春的一天，小靳忽接到一封发自北平灯市口的一个妇科诊所署名陈大夫的来信，希望小靳到她的诊所"一谈"。只见小靳平日一向是面带微笑的脸突然阴云密布。原来在小靳出国之前，在北平与一位陈小姐订过婚，这是近十年前的事了。这位小姐现在已成为一位妇科大夫了，她可能要与小靳算算旧账了。这件事小孙并不知道。小靳不敢怠慢，次日便登门拜谒。

在灯市口路南的一座小楼的二楼挂着一个醒目的牌子，写着：陈大夫诊所。小靳鼓着勇气走上楼，诊所的门是开着的，进门后一眼就看到了陈大夫。这位已三十出头的中年女子仍保持着青年人的芳容，瘦高不胖，走路说话都显着利索,语音清脆。小靳拘谨地寒暄后,陈大夫痛快地说:"你与我早已订婚,现在你又结婚了,这是你对不起我。我现在不要求你与小孙离婚,但我要求你与我保持朋友关系,这恐怕不算过分吧?"说得小靳只好答应以后保持联系。看来研究多年的数学、文学、哲学都比不上这位医生的果断治疗。小靳感到是从宽处理,如释重负,愉快地接受了和平友好条约。其实这是一条充满荆棘的路。从此以后,陈大夫常来电话信件,隔三岔五邀小靳吃饭、游览等,但从不邀小孙参加,这引起了小孙的注意、不满和嫉妒。文学家写别人的事真是行文流畅,但现在自己是小说的主人公了,真不知从何下笔。

最不顺心的事还在后头。到1947年夏,小孙顺利地生出一个女婴,全家都很高兴,小孙的母亲愿协助照顾外孙女。但小孩儿吃奶不是很好,吸吮的能力很差,换了奶瓶喂奶吃得略好。但是几个月后发现小孩儿的相貌有点儿怪,两眼斜向上吊,更难办的是只能吃稀的东西。于是引起了全家的注意,乃找到小儿科专家看。经过各项检查,包括查染色体等,最后认为是一种痴呆症。换言之,没有特别的药物治疗。这件事本应使文学家和数学家互相体谅、安慰,共同渡过难关。但小靳却不然,他不再微笑,他认为小孙的癫痫是造成小孩儿痴呆的遗传原因。可以想象陈大夫会从旁提出医学的理论根据。从此夫妻反目,小孙痛苦异常,想起在法国时的三角形。现在小孙与小靳的争论是真刀真枪,不再是饭后茶余的娓娓偶语。三角形已经解体,现在是两点之间直线最短——他们短兵相接了。

话分两头。那二位情场失意、仍在法国的青年现已三十多岁了,"小龟"和老黄从战败的情场上爬了起来,他们所想的不是如何工作,而是怎样生活下去。1946年,中法学院宣布关门,那种无忧无虑、饭来张口的生活已不再有。他们不是想找工作以养活自己,而是想再找一个靠山,用抽象的话语去赚一杯不劳而获的剩羹。想象力是他们的法宝,躺在床上苦思冥想,中法学院斜对面的教堂的钟声引起了他们的注意……最后,他们加入了教会。

1952年秋的一天,小靳由学校下班回到家,看不到小孙,女儿由外婆抱着。最后发现小孙用一根电线自缢在厕所的水管上。当把小孙解救下来后,她的心不跳了,永远不跳了!半年后,小靳搬出小孙的母亲家,搬进了陈大夫家,履行原来的订婚承诺,痴呆的女儿留给了岳母。

第三章

Chapter 3

回到祖国

一、乘美机回国

巴黎解放后，法国恢复第五共和国，国民政府派魏道明为驻法大使。当时在法国的留学生们大多数人希望赶快回国，一是想快点回国工作；二是出来的时间长了，都想早日与家人团聚。当然也有少数人想留下。按照中法学院的规定，学业完成后由学院发给一张三等船票回国，但由于战争关系邮船已停驶多年，短期内不能恢复，学生便找大使馆请求协助归国。那时侵华日军还未投降，所以回国的理由是参战。但大使馆既无钱也无权，当然更无积极性，因此无法解决。这时又来了一位武官，叫叶南，号北平，他对此事很热心，愿意协助。由于他与美军很熟悉，所以最终达成以美军飞机分批送我们回国的方案，所需费用则将来以租借法案处理。于是从 8 月 1 日起每隔一天送 5 个人回国，最终大部分中法学院的同学都回来了。在里昂还剩下二十多人未走，学院后来给了每人一笔钱为回国的路费，自行处理，学院不再负责。学院于 1946 年停止工作，翻完了历史的最后一页。

我是第一批回国的，同机回来的还有：刘崇智、王绍曾、杨淮，还有一位想不起来了。在出发前先在巴斯德学院注射了许多种防疫针。1945年8月1日,从巴黎的歌剧院附近的美军办事处乘公共汽车出发,去美军机场离法,每人限带30千克行李,随身带的不算。我们是准备回国参战的,因此在法国8年的东西不得不扔掉一些。那个时期的人很天真,只想带书,不想买用品。临行前大使馆发给每人300美元,还算很照顾。有一位同学买了一块手表回国,大家都感到奇怪。既然身上随带的不算分量,我们就都穿上了呢子大衣,口袋里装满东西,手里还拿着小包。我们的装束及身上沉重的呢子大衣,在8月的热天里弄得我们全身是汗。

飞机是小的运输飞机,大概只能坐20人,要登小梯子上机。机舱的两侧是长的凳子,面对面坐,没有安全带。我们的行李就放在飞机两排凳子之间,用绳子固定着。飞机上除我们5个老百姓外,还有几个美国军人。这是我第一次坐飞机,有新奇感。很快飞机起飞了,声音很大,真是震耳欲聋。除去王绍曾,我们的感觉还好,这位飞机制造工程师一路上在晕机。飞行约一个小时即降落了,下来一看是在意大利的那不勒斯。我们随美国军人一齐下机,乘军车到美国军营住宿。我们被安置在军官宿舍,吃饭时要登记,填写工作部门。我们没有工作部门,看到别人只填几个字母代号,也随便给自己编了个代号:CAC,意即Chinese air cadet。饭后便在俱乐部随便走走,这时我们才知道下一站要去哪儿以及出发时间都由自己定。我们应当是经开罗、印度回国,所以下一站应当是开罗。美军批准我们休息一天后去开罗。次日我们到那不勒斯的街上遛弯儿，战争使意大利受到重创，市面萧条，换外币的、擦皮鞋的到处可见。离开法国后最大的感受是食物随便吃，没有限制。奇怪的是，食物限量时虽然吃了不少，但老是感觉饿，吃的欲望强，而现在可以随便吃了，却吃不多。看来饥饿有是心理作用的。

第三天，我们乘飞机飞往开罗，这次飞机较大，可坐四五十人，同机的是从比利时回国的美国军人。我们仍住在军官宿舍，这是很大的宿舍，俱乐部也很大。我们开始明白过来，没有人在催我们，我们何必赶路，何不边游览边回国。事实上即使我们不申请下一班的飞机也无人来问。于是洗完澡便到小卖部看看，里面东西很多，军装随便买，也很便宜。由于坐了两次运输机，我们的西服裤子差不多磨破了，我便花 5 美元买了一套美国空军军装，又买了一双皮鞋。香烟也很便宜。

离开开罗后下站是卡拉奇。这是一座美丽的城市，天气很热，街上的人很多，许多铺子供清凉饮料，这是亚洲的特点。那时印度还未独立，这个城市主要是巴基斯坦人。美军宿舍的厕所是一个约二十平方米的大屋子，里面没有抽水马桶，是一大而且深的大便池，上盖一大木盖子，盖上挖了很多类似马桶圈的洞，每人坐在一个洞上拉大便。我们住了几天就飞往达卡，这是回国前的最后一站，从那里将飞往昆明。

达卡是一个不大的城市，也可以说是小镇，从这里要飞越驼峰才能到达昆明。这是二战中新开发的一条航线，起飞前要培训，以备万一飞机失事可以应急。飞行高度很高，需要吸氧气，幸而一切顺利，安全到达昆明机场。总算回到阔别 8 年的祖国了，心情很感舒畅，但我们的终点是重庆。到昆明后美国人不再负责我们的生活了，由在昆明工作的老同学招待我们住在北门外云南大学医学院附属医院。次日第二批同学也到了，包括蓝瑚、李念秀、于道文、吴斌等。我们几乎天天去机场登记去重庆的飞机，在这里工作的美国人办起事来好像染上中国的官僚习气，一再拖延，大约一个多星期后才答应可以去重庆。这时日本已在 8 月 15 日宣布投降了，一些老同学劝我们不必去重庆，可留在昆明工作。但按规定我们应去重庆报到，另外我也想回到北平家里看看，因此我们多数人都离开昆明去了重庆。

二、成为接收专员

我与几位同学乘美军飞机从昆明来到重庆后，经介绍住进青年会。不明什么原因，一直未晕机的我，在到达重庆机场时竟恶心呕吐不止，可能是一路上疲劳所致。到青年会后就卧床休息，也不想吃饭。那天晚上是重庆各界庆祝抗战胜利日，我住的房间距礼堂很近，所以鼓乐声、人们的欢笑声、鼓掌声都听得很清楚。从声音可判断人们在尽情地狂欢庆祝，这是发自内心地在庆祝抗战胜利。我的房间与他们只隔着一道墙，但我的心里与他们隔开的不止一道墙，因为我为自己在这 8 年中身在国外读书而感到惭愧。

次日，我们受邀参加留法比瑞同学会的欢迎会，在会上结识了一位先生，他在了解我们希望回北方工作的想法后，给卫生署金宝善署长写了一封推荐信，希望能给我们4 个学医的以适当安排。但我们还是应当先去军令部报到，因为我们是奉军令部的命令回来的。过了一两天我们去军令部，费了很大事总算找到了。但门卫打电话问负责人后，说军令部不知道这件事，让我们去军政部问。于是我们又去军政部，他们也不知道。看来国民党政府的政令很乱。我们只好拿着那位先生的推荐信去拜访卫生署金署长。署长说抗战已结束，叫我们参加到沦陷区去接收一些医院。当我们提出希望去北平时，他说去北平的人已满，但有去天津的位置，并当即介绍我们于次日去见未来的天津卫生局陆涤寰局长。

重庆的天气奇热，当我们到陆局长家拜访时，他正光着脊梁在院里乘凉。陆局长给我的印象是一位有学问的人，他是在美国进修公共卫生刚回国的医生，对我们愿去天津非常高兴。他正在物色医生，当即说好暂委我们 4 人以专员名义，一同坐船到上海转津，而且自即日起发薪。我记不起薪水是多少了，反正够养活一家人的。陆局长是一个有事业心的人，在重庆等船的时候安排我们到中央医院参观学习,他希望把天津的医院办成那样的规格。那次拜会决定了我们回国后最初的去向。没有料到这个医院于次年迁往天津,而6年后我竟进入这个医院工作,而且10年后我还成为这个医院的内科领导。

此后,我们都搬到留法比瑞同学会的招待所,以便集中活动,等待上船。重庆的气候真热,与南京、武汉并称为中国的三大火炉。好在招待所面临一条江,但8月的天气,白天也只能在院中坐在竹椅子上休息。我们去中央医院参观了几天,很有水平,给了我很大启发,提示我不要死抱着法国的医学不放,也要学习美国的医学,美国的医学也有许多优点,我们应当哪里好就学哪里。我们是中国的医生,不是法国人,也不是美国人,战争可能使欧洲的科学进步迟缓,这是客观存在的。所以到南京时买了许多龙门书店的英文医学书(翻印的),我要全部读一遍。我还买了一本Dorland字典,因为我原来英文水平有限。我在里昂时,老宋就谈到回国后要好好学英文,我俩那时就参加 Marti-nière 学校的英文夜校,每周两次,坚持了两年。现在来看没有白学,对我很有帮助。

大约过了半个月我们接到通知要乘船离重庆去上海。那时我们对国情不甚清楚,天真地以为战争胜利了,也像法国那样,可以满腔热血地去建设,把中国建成一个强国,但实际是事与愿违。每天看《大公报》,从社论就能看出问题。有篇社论写道:"接收沦陷区不要丧失人心。"过几天又写道:"不要丧尽人心。"足见这些接收大员是何等恶劣,老百姓称之为"劫收"。许多人都对我说,重庆以及很多地方在整个抗战时期吃喝跳舞就没有停过;还有人说重庆是"前方吃紧,后方紧吃"。事实上,日军占领武汉后便只能巩固占据沿海城市,无力向重庆进攻。蒋介石在等待美国发动攻势,而对美援物资则留起来以备将来打内战。八路军则占据敌后的农村,与日军打持久战,中日之战呈拉锯僵持状态。日本投降后,国内矛盾上升为主要矛盾。这是我们这些多年不闻国事、刚从海外归来的人意想不到的。

在重庆我还见到几位中法高中的老同学,他们多在经商,实际就是投机倒把。这些人过去生活都很优越,但都没有像我这个穷小子这些年学到了些真本事。说实话,我有点儿不适应这种生活环境。

我们终于在9月下旬乘船离渝东去。临行前我们稀里糊涂地将所有的美元都换成了法币,没想到后来法币很快贬值。到天津后几个月我们都变成穷人了,喝一碗豆浆都要60元,我们后悔没有一点点换。这也说明我们是多么不了解国内的情况。当时我们能够坐上船离开重庆是很不容易的,不少人等了一年才离开。我们乘船离开重庆,计划先到南京,然后到上海,换船再去天津。我们4人(蓝瑚、李念秀、吴斌和我)随同其他几个人同行。当时由于国军一时到不了沦陷区,天津只好先靠美军接管,所以无意中我们去天津可算是最早的接收大员了。

在长江上乘船我还是第一次,三峡风景确实很美,一路顺利,9月的天气在船上已感到凉意。我们在白帝城、汉口、九江都上岸游览。汉口被日本占领过,市面萧条,被压抑已久的人民对胜利有些麻木。船终于到达南京了,被日本人残害了30万人的城市终于盼到胜利,街上不断看到日本兵挨打罚站,老百姓恨透了日本人。

我们在南京下船后得知要等几个星期才有从上海去天津的船,于是我便去上海想法找到挥兄。到上海后看报纸知道苦干剧团每晚都在拉斐剧院演出,于是我在下午四五点钟前往剧院,从一位售票的俄国人那里知道演员正在台上吃饭。我身穿美军空军服装,从观众席直走到台口,正在台上吃饭的演员都很惊讶地看着我,以为美军到了。忽然我看到了挥兄,大喊道:"气哥!"他闻声也发现了我,我跳到台上与他热烈拥抱,别的人看愣了。后来知道我们是久别的兄弟相会,大家都向我们道喜。当晚我看了他们演出的《蜕变》,非常精彩。晚上与挥兄同住在他的亭子间,从他那里才知道北平的家已搬到了姚斌庙。我在上海住了大约一个星期才回到南京。

在南京又等了些天才上船去上海,换另一船去天津。这时已是11月了,天气变冷。船是平底的,在海上不稳。过青岛后船摇晃得更厉害,冷极了,冻得我无法入睡。我们问船员才知道由于风浪大,只好先开到大连,然后再转回天津。船到大沽口已是12月1日。命运真能捉弄人,我是1937年从大沽口离开天津的,现在又从原路回到天津。我们被送到天津市内中原公司对面的公寓,这个旅馆很好,每人一间,但无棉被。我到街上买了两床棉被,在天津住了几日后便去北平家里看看。好在没有行李，行动方便。在国外混了 8 年，只有一个小箱子和几本书。在北平前门车站下车后，我先到门框胡同买了些吃的东西，然后坐三轮车去西城找到姚斌庙。我们家只有两间屋子，屋门是开着的，但母亲未在家，邻居说可能到街上买东西去了。我把行李放下，就到街上去迎母亲。刚出门就看到母亲回来了，我迎上去紧紧拥抱母亲。她没想到我会回来，很是意外。不一会儿溥弟也回来了。令我高兴的是家境好转了，没有欠债了，只是房子小些，需要改善。

在北平我拜访了几位老同学，其中有李寿龄，他说在景山东街三眼井有五间北房待出租。这处房子宽大，前廊后厦，经与母亲商议决定租下，很快我们就把家搬过去了。我和溥弟一起买了些家具，又雇了一位保姆帮忙。休息几天后我便返回天津工作，从此开始了在国内的工作，掀开了生活新的一页。

三、接收天津的医院

从重庆同船去天津的还有接收市政府的人，其中有一位接收卫生局的王秘书，后来知道他是国民党中统的人；此外还有一位学药的；另有 4 位接收天津美军医院的大夫。一年后重庆中央医院迁津,原天津美军医院就变成天津中央医院,新中国成立后,又改称天津总医院。

回天津后,卫生局分配我参加接收传染病院。当时天津有两个传染病院,一个是中国人开办的,位于小王庄,规模小,有十几间平房,当时是一位屈大夫和吴大夫负责,称第一医院。另有一个日本人在日租界开办的传染病院,称第二医院。我去接收第一医院,蓝瑚、李念秀和吴斌去接收第二医院。不久卫生局决定关闭第一医院,将该院所有人调到第二医院,以后我就在这个医院工作。那时该院仍有日本医生工作,一位外科医生兼院长;一位内科医生;还有一位儿科女医生。卫生局派一位陈院长来管理,屈大夫为医务主任,我负责内科。医院主要是治疗急性传染病,如白喉、麻疹、猩红热等,也有少数人来戒鸦片烟。在这个医院工作使我增加了不少临床经验,而日本医生严谨的工作作风也给我很大启发。我与内科、儿科这两位日本医生合作很好,我也愿给他们留下一个中国医生的良好印象。他们在1946年年初就被遣返回国了。这个不到一百张病床的医院本算不上什么大医院,但那位陈院长却做得津津有味。他是一位从后方来的"老子抗战八年"式的人物,从口音看,他是湖南或湖北人,是某医学院毕业的,偶然从嘴里蹦出几个英文字。他很忙,极少来院,我也很少见到他——每次来也只是与屈医务主任商谈事。

那年我刚27岁,大学毕业后做过两年住院医生,而领导要我负责该医院内科的工作,当然是力不从心,单是处方一项就足够我操心的。法国开处方的习惯不同于日本，也不同于当时中国的习惯。我在对住院的病人逐个检查过程中，发现一个十几岁的男孩儿因发热肝脾大，全身浮肿，当时被诊断为日本住血吸虫症，正在用化学疗法。我从未见过日本住血吸虫症，但我从临床检查看，直觉地认为他是一个心包积液的病人，是结核性心包炎。不管怎么说，取出心包积液是合理的处理方法，因为既可以检查积液也可以减轻病人的痛苦。我查了查书，并向当时担任顾问的一位老大夫请示，他也认为有心包穿刺的指征。那时心包穿刺在天津尚很少有人问津，但我在国外做过几次。一天上午我对病人进行了穿刺，取出几百毫升的液体，病人的症状减轻。液体 Rivalta 反应呈阳性，以后我又穿刺了一次，病人的症状大为减轻，不久出院休息。这件事鼓舞了我，认识到，对病人仔细诊断、认真思考就能得到正确治疗。当然，这也奠定了我在医院工作的地位。

在这个医院我只想提高医学水平，不愿搅入任何行政、政治事宜。后来才知道那位院长与他人合谋占了很多房子，将日本人存的药品卖了，并将在八里台属于医院的一座焚化炉及所属的地皮都卖掉，发了一笔财。这是我亲眼见到的一位贪污的国民党官员。那位陈院长后来被调离了天津。听说和我们一同来津接收天津市政府的官员都把接收的楼房当成了自己的住宅。我于 1946 年夏与蓝瑚、李念秀都调到第三医院，吴斌调到第四医院，都是主任。我调到第三医院工作后，便搬到该院的宿舍去住，在哈密道的一个二层楼的楼下,一间房子,另有一厨房。楼上住的是一位护士主任,是单身。第三医院原为日本的东亚医院,系为日本人看病的医院,有二百多张床,其中内科有五十多张床。该院院长姓赵,系留德回来的,很能干,也很有事业心,可惜后来在"三反"运动中因受不了莫须有的罪名而自杀了。我是内科主任,天和医院的邓家栋大夫是顾问。邓为人很好,知识、经验都很丰富,我从他那里学到了很多知识。医院病人很多,内科只有五六个医生,故每天很忙。那个时期,天和医院经常组织 CPC 讨论会,我常去参加,因此也认识了天津的一些老名医,如朱宪彝、卜万年、方先之等。后来重庆中央医院迁津,我也参加过他们的讨论会。我在三院一直工作到 1947 年夏。

那个时期内战打得激烈,尽管国民党有 800 万军队,而且是美式装备,但因贪污腐败而失去了民心,尤其是沦陷区的人民对国民党已不抱希望。老百姓的生活日渐困难,我们医院的食堂每人只供二两米饭;自来水中有各种杂质,无法入口,真是民不聊生。社会治安也很坏,有一次我坐三轮车出去,被人从后边把我的帽子抢走了,抢帽者钻进胡同,无法追赶,即使追上可能还会遭打,甚至杀身。街上有不少日本人在卖东西,准备回国。有一天,有个贼从我住的楼上平台进来了,好在护士主任没有什么值得拿的东西,悻悻而走,但够吓人的。在一个很冷的夜里位于一楼的全楼总水管冻爆,楼道立即成了泽国。我连夜去找修管子的铺子,请他们堵管子。天寒地冻,花钱不说,惊险还大。

母亲来津住了一段时间,但因我这里条件太差,反而让母亲担惊受怕了。蓝瑚与我商量,这种条件无法安心学习工作,除非是在市立医院工作,最好找一个教学医院。但那个战乱时期维持吃饭还来不及,哪有人顾得上搞业务。1947年春,一位留法老同学、在云南大学医学院工作的赵明德教授专程来天津看我们,看到我们这种情况,便邀请我们去昆明办医学院。这是一件很好的事,虽然那里的条件不好,但生活比较稳定。困难的是昆明真远,我刚回来又远行,母亲是否同意。在当时时局难卜的情况下,蓝瑚决定前往,此时吴斌已托人调到北京传染病医院工作。

　　经母亲同意后,我于9月间从天津乘船到上海,在沪住在挥兄处,然后我们一同到南京看望开兄。在那里我们看了话剧《假凤虚凰》,几天后又回上海,然后乘飞机去昆明。

四、远赴云南

　　云南地处西南边疆,因交通不便,一向是较为闭塞的地区。抗战时有不少外地人来,各方面都有些开化,但较沿海地区仍差很多。我坐的飞机平安降落,蓝瑚等人接我来到云大医院宿舍。这是一座新建的两层楼,每层有四间,蓝瑚夫妇居两间,我住两间,其中一间兼做我们吃饭用。楼下分别住的是儿科张蓬羽教授及眼科魏教授两家。

医院只是土坯墙的两层楼,共有病床约五十张,设备是救济总署给的。这个医院的设备、人员、声望等都不及当时昆明的惠滇、法国人的甘美等教会医院以及省立昆华医院。一些老同学都致力于自己的私人诊所,对云大医学院的事不很关心。我们新去的人在努力制定医院各项制度、常规,训练青年医生,同时担任教课。这很费力。我在昆明的几年把内科学重新念了一遍,这是很好的机会。在这里我再次感到法文医学书实在太少了,图书馆多是英文书,于是我决心加强英文学习。我认识一位昆明师院的胡毅教授,他原为西南联大的教授,联大北迁后他留在昆明。我常去听他讲英国文学史,后来他介绍一位德国人教我英文,此人是德国驻华领事,德国战败后他不愿回国,就住在昆明。我每星期去一次,每月要交几十个半开(相当半个银元)。我觉得很有收获,可惜,大约在1949年年初,他因患结肠癌逝世,但那时我看英文医学书已无困难。我读了一本热带病学和一本内分泌学,对能学到一些美国临床医学知识很有信心。

国民党政府及云南省政府对云南大学及医学院漠不关心,只给少许经费。有一天,教育部一位次长来视察,他提出将附属医院改称为附设医院,别无他事。云大医院地处昆明的北门外,人烟稀少,内科门诊量很小,每天只有几十个病人,但二十几张床倒常常是满的。我们内外科合作很好,也解决了不少问题,掌握了不少第一手材料,医学水平也确实有了一定提高。但就内科而言,我感到自己的能力有限,不少病我只能凭书本知识去诊断。这有很大盲目性,很需要有一位老师指导。另外,这里的化验也很差,虽然我与一位化学系的毕业生搞了一个小生化室,可以做血糖、NPN、CO_2结合力等必要的化验,而细菌培养等则不能做,这也限制了诊断的水平,所以工作了两年后就感到不满足了。我想,自己苦学了多年不能就此而止,一个人的意志、精神如果得不到满足是很痛苦的,我应该尽量发挥自己的能力去实现我的抱负,否则会因此而抱恨终生。昆明虽远离内战的炮火,但我感觉昆明还不是我最理想的地方,加上我很思念母亲。因此,萌生了离开昆明的念头。

时局越来越不稳定,国民党控制区的经济一塌糊涂,最后以发行金圆券代替原来的法币,但几个月后便大幅度贬值,以致用金圆券糊窗户比买窗户纸还便宜。每月发下薪水要立即到街上换半开或银元,否则第二天就贬值了。云大医院虽名为教学医院,但设备、人员都很差,距想象差得很远。此外,我还不断发作疟疾,非常难受,因此离开昆明回北方的念头越来越强烈。我曾向云大领导提出回北方的想法,他们未表拒绝,但因昆明周围不安定,所以未办成。1949 年,人民解放军强渡长江,一举解放了南京。云南当局何去何从一直举棋不定,处在脚踏两只船状态。1949年 10 月 1 日,中华人民共和国成立了,解放军又向西南进军,国民党军陆续向华南撤退。1950 年年底,云南龙云将军宣布起义,昆明解放了。那天我们都跑到街上欢迎解放军进城。

解放军进入昆明后云大医院也发生了变化。有一天,一位解放军干部来找我,说有一个团要去解放云南西南端的芒市,以解放云南全境。他们了解那里有所谓"瘴气",怕部队到那里不适应,因此需要一位有经验、身体好的医生随行。所谓"瘴气"其实是恶性疟疾,他们是经云南大学推荐找到我的,我慨然答应。同去的还有两位新华社记者及几位农业专家。我们几个老百姓同坐一辆吉普车,随军出发。一路上边走边打土匪,有些惊险。先到大理,那里风景很好,有下关的"风"、大理的"花"、苍山的"雪"、洱海的"月"之誉。休息几天继续西行,这后半段路就难走了,有时要骑马。我是第一次骑马,马不愿走靠山的一边,而愿走靠山涧的一边,所以对我来说很可怕。穿过怒江到腾冲,又继续西行数日才到芒市,到达芒市后全团举行了庆功会。路上我想起诸葛亮七擒孟获的故事,比我们更艰苦。我们在芒市住了一个多星期,就乘吉普车返回昆明,前后共两三个月时间。这是我第一次接触到共产党和解放军,通过两三个月的相处,我觉得他们比国民党要懂礼貌,更和蔼,更无私,难怪共产党能战胜国民党。当时给我的直观印象是中国有救了。

昆明解放后,军代表进驻云南大学,成立了军事管制委员会,秦瓒教授是主任,军代表张一夫是副主任。我们医院的工作没有变化,但人们的精神很振作,很多医生明白云大医院虽然设备简陋,但是一家公立医院,而一些私立医院将被收为国有,因此在那里工作人的思想势必会出现波动。特别是那些敌视新中国的外国人(包括外交人员、教会神职人员和医生等)很可能会被驱逐出境,资产也会被没收。这在其他大城市已有先例。有一天,昆明甘美医院的一位法国医生突然来找我(我忘记他的名字了),说他必须离开中国,并说他已与教会联系好,准备将甘美医院送给昆明一家医院。我认识这个医生,但不很熟。他说云南卫生厅很想要,但他想给云南大学,问我的意见。我认为这件事很大,昆明刚解放,与外国人接触,甚至接收外国医院,这事必须请示军代表。我答应他一两天内给他回信。他走后,我便去见张一夫同志,把情况告诉他。他认为要快进行,以免被卫生厅先拿去。这时我表示办成这件事并不容易,而且我已提出回北方的要求,所以最好由别人去办。张则考虑换人会把事情办坏,所以他说还是由我去办,办成后就让我回北京。

　　次日,我便去文津街甘美医院,见到法国医生,说明了情况。他当即决定开列一份财产清单及一份赠送文件,定于几天后在全院职工会上正式移交。我将谈判的结果告诉张一夫代表,他则赶紧向上级汇报。大概是在一个星期六的上午,我们云大医院的几个人连同张代表,与甘美医院的职工约数百人,聚集在甘美医院住院部前广场举行了移交仪式,法国医生把赠送函及清单交给蓝瑚,双方各做了简单讲话,交接事宜就完成了。

这件事办完后,我又找张代表谈放我回北京的事。他信守诺言,但他希望我暂到甘美医院当几天领导,一俟云大医院搬过去,两院合并后就放我走。我同意了,以后我就每天到甘美医院法国医生的办公室上班。几个星期后整个云大医院就搬过去了,我的任务算完成了。云大医院告别了土房子,完全换了新貌,有200张床,门诊科室齐全,病人也多了。张一夫给我开了证明,并给了我3个月的薪水。我经人介绍于1951年年初乘邮政车离开工作了4年的昆明。从此我将单独去闯,打拼我的前途与命运。

邮政车是放信件包裹的车,与我同行的两个人一起坐在这个闷车里,只能从一小窗户看外边,但这种车不致被土匪抢劫。我们走了两天才到贵阳。途中司机吃饭我们就吃,他要休息我们就休息。走公路,司机就是领导,是大爷。大约走了半个月终于到了重庆。我们是在重庆过的春节,之后又再找车去成都。一辆烧木炭的长途车把我们这些旅客慢悠悠地从重庆送到了成都,下车后我找旅店休息几天,又乘另一辆车去宝鸡。

成都是一很好的城市,文化水平高。我游览了武侯祠、华西大学,在拍卖行买了一件旧皮袍以防寒。不几日找到了去宝鸡的长途汽车,又上路,这是最后一段公路旅行。经过秦岭,到达宝鸡,这里距汉中、街亭、西城很近。到后立即去车站买了去郑州的火车票。我终于离开西南而进入华北了。车过黄河时要放下窗帘,以防止坏人破坏。到郑州后转京汉路直到北京,到京时是 3 月 1 日上午,当时北京正刮大风,天气很冷,我穿上旧皮袍坐上三轮车回三眼井的家。这是我离别 4 年后又一次回到母亲的家。家还是那个家,但国家则换了主人。

在北京,我首先要休息,这些年忙碌、患疾疾、长途旅行等使我感到身心疲惫。另外我也要了解情况,考虑一下未来的出路。我找到吴斌等老同学、老朋友了解一下各医院的情况,我的目标是进入一家有老大夫的教学医院。那时人员流动还比较宽松,此后不断有人找我去参加工作,如河北医学院、青岛医学院、第一军医大学,而最后我还是选了天津医学院。因为那里有朱宪彝大夫(他也是医学院院长)可以指导,而其附属医院就是前中央医院,所以规模、制度、水平都好,很合我的理想。其余的医学院都是叫我独当一面,这对我并非好事。过去我在天津时曾认识朱大夫,他在同行中很有威信,大家都尊称他为"老夫子"。这次经诚弟介绍北京大学医学部的生化陈教授,他也要去天津医学院任教。于是把我介绍给朱大夫,并约我去津面谈。我去后参观了医院,当即谈好,任主治大夫。11 月 1 日,我正式上班,住在集体宿舍,我住一个单间,算是照顾。从此开始了我的生活新篇章,也是最长、最终的篇章。

第四章

Chapter 4

新的篇章

一、参加反细菌战工作

1951 年 11 月,我正式到天津总医院上班。能到这个医院工作我很高兴,因为这家医院的规模、制度、技术水平等当时在国内都是一流的,尤其有朱宪彝教授领衔,这是很难得的,他不但有学问,而且为人忠厚。全院共有四百余张病床,在当时算是较大的医院,而且有很正规的制度。每天来就诊的病人很多,半天门诊要看 400 人,所以要限号。住院的病人都很重,病种也多。内科副主任是张成大教授,主治医生有五六人。由于刚成立的天津医学院已经开始招生, 到 1953 年就要开内科的课, 所以很需要人。内科有 120 张病床,分三个组,每个主治大夫平均每年要管病房半年,另半年每天看半天门诊。我开始先管 6 个月病房,实习大夫是河北医学院的学生。每星期的病历讨论、读书报告、出院病人讨论等都在晚间进行。此外,全市每周有临床病理讨论(CPC),很吸引人,我常被邀发言。

1950 年,朝鲜战争爆发,中国派出志愿军参战,雄赳赳、气昂昂地跨过鸭绿江。1951 年夏,美国违反《日内瓦公约》,向朝鲜和中国东北连续投下大量细菌弹。最常见的细菌弹是四合弹,即一个弹内有隔断,将其分为四部分,每部分放一类昆虫,如苍蝇、蜘蛛等;有的则放小动物,如小田鼠等。这些动物的身体上都附着很多细菌,如伤寒、痢疾,甚至鼠疫杆菌。他们还精心培养一些耐寒的苍蝇,以便能在朝鲜及中国东北生存。为了反细菌战,中国组织很多科学家去中国东北及朝鲜调查,取得实物,在实验室进行检查;同时组织国际法律调查团来调查。后来又组织了由6名科学家组成的国际科学调查团来调查,先后查看了标本及实验室的结果和细菌弹。中国以事实揭发美国的罪行并提出严重抗议,引起国际舆论的高度关注,但美国一再否认。

1952年8月初,我正在看门诊,忽然院办公室来人告诉我,说卫生局蔡公琪局长叫我立即到局见他,有要事相商。我不知何事,当即前往。见到蔡局长,他说接到卫生部电话,叫我当天中午乘快车去沈阳参加国际科学调查团的法文翻译工作,并把车票给了我。我回到医院向朱院长报告了情况,然后带些衣服就去车站登车赴沈阳了。

到沈阳后我才知道这里有一个法文组,已工作了几个星期,因工作中涉及大量医学词语,所以叫我来。这个组有阎逊初、王振基、田武昌,还有一位法国人华太太,此外还有几位刚毕业的大学生。我们每天把整理好的中文材料翻译成法文,供国际调查团的讨论。大约一个月后,所有人都移师北京继续工作,先在协和医学院,后来搬到对外友协。每天从上午8时一直到晚上8点,有时到深夜12点,最后将四百多页的中文报告书全部译成法文。与此同时,另有三个组分别将报告书译成英文、德文和俄文。最后,在北京饭店举行了签字仪式,国际调查团成员分别在报告书上签了字。就我能想起的这些外国专家有:Needham(英国人)、Malterre(法国人)、Zukov(苏联人)、Pesoa(巴西人),还有一位瑞典女专家和一位意大利的解剖学家。

这时已是 11 月中旬,我还穿着单衣,于是向领导老孟提出去天津取衣服。老孟是从法国回来的、去法国勤工俭学的共产党员,曾在巴黎 Pasteur 学院当技术员。老孟让我等几天再去天津。这真奇怪,取衣服为何要等几天?在这期间各翻译组的人已陆续回原单位了。有一天早上老孟找我,我以为让我回天津取衣服,但他说经领导研究,让我参加反细菌战代表团一同赴维也纳出席世界和平大会。我这才明白他为什么让我等几天的原因。他给了我一张条,让我到某商店去做衣服。我先回天津取了衣服,向领导说明要出国公干,然后回北京准备出国事宜。出国服装是每人一顶皮帽子、一件皮大衣、一套西服、一套中山服,还有一双皮鞋等。出发前周恩来总理召集所有出国人讲话,提出应注意的事项。宋庆龄副主席也出席了会议。大约将近年底时我们乘专列火车经西伯利亚去维也纳。

这真是"火车",车上热得要命,只好穿单衣。我们反细菌战代表团成员共 18 人,我负责法文翻译,另有英、德、俄文翻译;团长是白希清,书记是柯伯年(外交部派);专家数人,包括动物学家、植物学家等。车到满洲里要下车换苏联的宽轨车,并办理入苏联境内各种手续,这时我看见梅兰芳也同车,他将在世界和平大会上演出《霸王别姬》。苏联海关对他很尊重,不检查他的行李。

从满洲里到莫斯科的火车要走 8 天。车要多次围绕乌拉尔山转到苏联的欧洲部分,上山慢下山快,坐在车里有时感到头晕。餐车供应俄式餐,尚可口。这是一辆专列,刘宁一也在车上。据说梅兰芳坐的是沙皇的车厢。车到伊尔库斯克站时要停 30 分钟,大家都下车散步。这里温度是零下 30 摄氏度,但我那时很能抗寒,穿一条单裤不感到冷。我们走到街上去,粗略看了看就回到车站。幸亏早回来了,火车只停了 20 分钟就要开。世界各国的火车常有误点的,但还没有提早开的,这也是苏联老大哥的独特之处。

下一站是新西伯利亚,这是一个崭新的城市,街道宽,大楼鳞次栉比,错落有致。当时正值寒冬,道路上积雪很厚,给人们留下了深刻印象。火车绕过乌拉尔山后继续西行,再过一天就到莫斯科了,所以晚餐后列车工作人员把餐桌、椅子等都挂在车厢墙壁上,开始跳舞。我不会跳,只好回卧车休息。车运行平稳,据说进莫斯科的火车都改为电力机车,以保持空气不受污染。

到莫斯科时虽已严冬,但天气尚好。我们被安置在 National 饭店,离红场很近,隔壁就是美国大使馆的新闻处。这是一家老饭店,很干净。安顿好后我便到街上看看,街上积雪很多,还不时下着雪,据说一入冬每天都下雪,所以路面上完全被雪覆盖着。有一位副市长专门负责清理雪。我和几个同行者去了红场,其面积不如天安门广场大。克林姆林宫及一建筑别致的教堂都在红场的一侧,可惜没有能进入列宁墓。

我们在莫斯科住了几天就又乘火车经基辅到匈牙利的首都布达佩斯,一条多瑙河将这个城分为两半,一边是布达,另一边是佩斯。当晚匈牙利政府举行欢迎宴会,没想到睡到半夜肚子疼,拉稀了。回到床上我一夜未睡好,就听到这层楼的抽水马桶的抽水声此起彼伏。但第二天上火车去维也纳时,大概是考虑到兄弟党的团结,没有人说自己拉肚子。

车到维也纳时有世界和平理事会的人前来迎接,我们被安排到一家旅馆。维也纳在战后由苏、美、英、法四国共管,我们的旅馆当然在苏管区。由于我们对这个城市的地理不清楚,对四个管理区的位置也不清楚,如果走错就有可能进入别国管理区,那很危险,因为那时只有苏联与中国是友好国家,我们要是误走到其他管理区,美、英、法的军队可以随意扣留,甚至送到美国去。离我们的旅馆不远处就是世界和平大会细菌战展览厅,大会的会场属英管区,但大门开在苏占区。我们的工作是在展览馆接待参观、解说,也有几次机会去参加世界和平大会。世界和平理事会是左派人士在苏联等共产党领导下的机构,理事会中有一些知名人士,如 Joliot Curie、Mme Gordan 等,我国则有宋庆龄、郭沫若等。1952 年 12 月 12 日至 20 日,在奥地利维也纳举行的世界人民和平大会, 是由 1952 年召开的世界和平理事会柏林特别会议决定召开的。出席会议的有 85 个国家的正式代表、观察员和来宾等 1904 人。大会主要讨论了民族独立和国际安全问题,停止一切现有战争问题特别是朝鲜战争问题,缓和国际紧张局势问题,大会最后通过了《世界人民和平大会宣言》和《致五大国政府书》。宣言提出,立即停止朝鲜战争、禁止细菌战、反对建立军事基地,绝对禁止原子武器并建立开始裁军谈判,必须恢复中华人民共和国在联合国的一切合法权利和地位等。《致五大国政府书》提出缔结和平公约的要求。在维也纳时,我看报得知星期日上午11时在金色大厅有一场音乐会,演出贝多芬的《第五交响曲》。这是难得的机会,我偷闲前往,欣赏了乐团精彩的演出。

大会闭幕后,我们这个反细菌战组就移师到东柏林组织展览及演讲。我们在民主德国工作了一个多月,巡回到各地做演讲,宣传反细菌战。我们在东柏林住的是政府招待所,离希特勒死的楼房和凯旋门很近,所以离西柏林也不远。我们参观了新建的斯大林大街和菩提树下大街的柏林大学,随后还去过其他城市,在 Leipzig 还参观了歌德故居。在柏林看得最多的是歌剧,很有水平。但给我印象最深的是记者招

1953 年 2 月 27 日,石毓澍在德国莱比锡展览会前

待会,那天有将近一千名记者参加,其中不少是从西柏林来的美、英记者,他们想驳倒中国的论据以否定美军投细菌弹的事实。我们在离开中国前,已收集了四百多条世界各国报刊上发表的反对中国的新闻报道,并研究好了答案,所以胸有成竹。在记者招待会上由白希清解答,分别译成德、英、法、俄文。会议一直进行得很顺利,但突然有一位美国记者提出国际法律调查团长是纳粹分子,中国怎么相信这样人的报告。这个问题来得很突然,超过我们准备的题目,白团长叫我答复他。我说:"这位先生说调查团长是纳粹分子,这个问题先不要管它,问题是他所说美军投了细菌弹是坚持事实,是坚持真理。至于你,先生,你是否是纳粹,我们并不清楚,但你不承认事实,不坚持真理。"这个突如其来的危机就这样化解了。

离开民主德国, 我们又去了捷克斯洛伐克首都布拉格,也做了演讲宣传,然后乘火车经苏联返国。这次出国工作历时 4 个月,平安回到国内时已是 1953 年 4 月了。

二、在天津总医院

20 世纪 50 年代初期,天津总医院的临床工作是很好的,医院各项制度,如写病历、查房、检验以及各种会议等都很正规,但医疗设备跟不上。那时就诊的病人真多,病种也多,每天要看形形色色的病,有时感到诊断起来有些困难。大概是中国人长期以来因贫困饥饿,营养不良,造成患结核病的人很多,我在法国时从未见过。我收集了三例脾结核进行研究,连同切除脾的病理材料发表在《中华内科杂志》上;此外还在《中华内科杂志》上发表过 Fidler 心肌炎的临床及病理报告、良性心包炎、急性白血病等论文。我最感兴趣的是每周一次的临床病理讨论会,朱院长为此付出很大心血。每次开会全市各医院的医生都来参加,我常被点名发言,我也从各专业医生的发言中学到了很宝贵的知识和思路。

临床工作是一项十分复杂而涉及面很广的工作。我们应当承认自己不知道的事比知道得要多,因此要不时地向别人学习,不但要向老前辈请教,也要虚心向任何人学习,不断充实自己。

50 年代初期,我在天津总医院(即现天津医学院附属医院)内科任主治医师时遇到一例女病人,血小板减少紫斑症,出血现象严重。但她有两个特点:其一是脾脏明显增大,另一是发热。经大家讨论认为脾切除是一良策。手术后病人体温恢复正常,不再出血,血小板增多。但是病理检查竟然发现为脾结核,这比较出人意料。在讨论会上一位老大夫的发言给我留下很深刻的印象。他说,在中国任何不明原因的发热首先要想到结核病。此后不久,又遇到一例阻塞性黄疸的病人,有发热,但腹痛轻微,不是典型的胰腺癌,也不像胆道结石。这种情况手术探查是必要的。当时我有过一闪念是否为胰腺结核?但这方面的报道太少了,教科书几乎无记载。后经手术探查结果胰头有肿块,取下后进一步检查,果然为胰腺结核,已有干酪样变,证实了老大夫的经验。

从1953年4月到1957年,这4年我做了一些诊治心脏病的技术工作。当时朱宪彝院长考虑,将大家按专业门类划分,可以把临床与研究做得更深入一些。这个想法很符合潮流,我被分派搞心脏病,于是我就在这方面多下了点功夫。当时天津医学院附属医院所用的心电图机仍是原中央医院留下的石英丝悬线心电图机,当然是双极的。我在法国学习时所见到的是双极心电图,但我不断从美国杂志上看到单极心电图的字样,所用的导联也很特别,我并不十分理解,心中认为是可望而不可即的事。那时北京协和医院也在搞单极心电图。有一次我回北京家里时,在东单的龙门书店看到一本美国出版的Leman著《单极心电图学》,觉得阐述得很清楚,便买回一本学习研究,了解其应用价值及大致制作原理后,便按书上的方法会同本院一位电工一起动手,将总医院的双极石英丝心电图机改装成单极心电图机,不但提高了诊断水平,而且进一步增强了我深入研究的信心,同时也让我有了只要想法子就能干成的决心。

在1928年,德国出现了一位怪才,即Forssman,这位医生想:既然静脉可以通到心脏,如果用一根管子从静脉插入就可以到达右心。于是他就给自己的静脉插入一根导管，让一位护士将一面镜子放在 X 光机荧光屏前，他从镜子中看到，导管竟然成功地插入心脏。这项试验当时并没有引起很多人注意，但却被一位年轻的法国医生 A. Cournand 记在心头，他潜心研究心导管术对先心脏病诊断的价值。后来由于战争，这位医生移居美国，继续研究，终于在测压、测血氧等方面取得成就。为此，他与 Forssman 共同获得 1956 年诺贝尔奖，从此心导管检查术成为介入性心脏病学的起点。但这个重要手段并没有仅仅停留在诊断先天性心脏病方面，而是继续深入向前发展，成为近代介入性心脏病学的基础，现代的心脏起搏、导管消融、冠脉造影、PTCA、球囊瓣膜成形、血流动力监护等都源于心导管术。

在我国，心导管术首先在北京兴起。1954 年，上海兰锡纯教授首次用手指拨开狭窄的二尖瓣，引起轰动，也引起心外科医生们的兴趣，同时也给内科医生对先天性心脏病诊断的准确性提出很高要求。1955 年，我开始与李润跃、周金台二位医生一同研究心导管检查技术。我们参考北京协和医院的经验，结合书本知识，用门诊部一台 30 毫安的小 X 光机先对狗进行了实验，包括插管、测压、验氧等过程。我们冒着溽暑，在晚间门诊结束以后进行了几个月的实验，初步掌握了此项技术。尽管器材缺乏，条件简陋，但我们用泌尿科使用的分侧导尿管做心导管，以测脑脊液压的压力表测压，以 Scholander 管测血氧，在 30 毫安的 X

线机下,经过多次动物实验后,也能完成右心导管术。一切获得成功之后,到 1956 年春,我们首次成功地为一例室间隔缺损的病人做了心导管检查,病人的缺损修补手术是由技术高超的张天惠大夫在低温条件下,没有体外循环,用两分半钟时间完成的。我们的工作有了这个良好的开端,以后几乎每星期都开展这项工作,并飞跃式地前进,为心外科工作带来了新的局面。直到 1958 年,在天津才能买到进口的心脏导管。天津的心脏病学水平在一个时期走在我国的前列,但是后来由于众所周知的原因,我们的工作最终在 60 年代中期完全停止了,导管室关闭了,天各一方。

1958 年,"大跃进"大炼钢铁,经常发生烧伤事故,医院里常组织医务人员前往抢救。当时我除参加过本市的一些抢救工作外,也时常外出,曾到过抚顺煤矿、宣化厂矿等,我的主要工作是负责处理病人的水盐平衡。水盐代谢平衡在当时的抢救中也是一项很重要的工作,我在实践中也学到了不少知识。

1962 年,我们结合临床实际,开展对心力衰竭病人水盐代谢的研究,取得了很好成绩。我们有两篇论文于 1964年发表在《中华医学杂志》外文版上,引起了十几个国家的二十几位医生来信索要单行本。医院领导征求上级意见,认为可以寄单行本,但一定要同时附寄一份《评修正主义》的《人民日报》社论。我觉得这与水盐代谢风马牛不相及,寄去反而引起反感,就没有回信。到 1966 年,美国胸科学会在丹麦召开会议,邀请我参加,并负责一切费用。那时正是"四清"运动高潮、"文化大革命"前夕,在"山雨欲来风满楼"的政治环境下,我未敢向医院提出此事而作罢。

三、初次经历政治运动

1951年,我刚到天津总医院工作不久,便开始了"三反""五反"运动,再加上当时的抗美援朝运动,几乎每天晚间都有事。反贪污、反浪费、反官僚主义当然是一件好事,但难免也会有过火之处。总医院也揭发出几只"老虎",但到运动后期一甄别,又没有真正的证据,因此也就没有一个贪污犯,但却伤了许多人的心。这是我第一次参加这类的政治运动。

1956年,毛泽东在中央宣传工作会议上号召要"百花齐放,百家争鸣",鼓励大家对党提意见,帮助党整风。挥兄也被邀参加了这次会议,上影有4个人参加,后来都被打成右派。到1957年全党整风,即"鸣放",各单位的党领导干部到基层动员大家不要有顾虑,给党提意见。天津医学院书记来医院召集高级知识分子座谈,给党提意见。我一向不关心政治,也不懂政治,但此时又不能不说点儿意见,所以只说些鸡毛蒜皮琐事,如自行车停车棚没有灯、夜班饭冷等。到那年夏天,《人民日报》发表了社论《工人阶级说话了》，从此就开始了反右派运动。我每天下午去卫生局参加批杨济时、万福恩、张纪正、顾学勤等人的批判会。有人把这些人平常所说的话加以篡改，变成反对党的话，然后上纲上线，就成了反党言论，最后这些人都被定为右派分子。当时大家还不太明白右派是怎么回事。总医院靠孔院长的坚持，没有人被划为右派。后来才明白右派分极右、右和内部控制，定为右派的都降级、降薪，在群众中劳动改造，家属也受到影响。

　　1960 年，我与另外 4 位大夫（杨柯、苏启祯、杨露春、章大夫）去新疆讲学，那时火车只通到鄯善。我们先坐火车到兰州，下车找到一旅店后放好东西就下楼吃饭。当时只有包子，我们便买了一些坐下吃。但咬了一口后，发现馅儿是杂草、树根，实在无法下咽，而谁也不说，因为知识分子改造还在进行中。这时又进来几名旅客，他们发现包子已卖完，正考虑到什么地方吃饭，我们讲学团团长杨院长看出情况，于是他向那几位旅客说："同志，我们可以把包子卖给你们。"其实他也觉出包子实在无法下咽。我们卖了包子就出去另找饭馆，最后找到一吃面条的地方，这次没有树枝了。但就在我们正吃到还剩最后一碗面、大家正谦让时，一位站在旁边等吃饭的人突然把那碗面端起吃了，当时我们都愣住了，说不出一句话。那时正是全国连续三年粮食困难时期，这场景让我想起二战时期的法国，但那时法国人虽然处于饥饿状态，却未见到有那么多浮肿的人，我想主要还是与饮食平衡有关，中国人的饮食缺少蛋白。

直到1962年这种状况才有好转。

四、参加农村医疗队

党要求医务人员到农村去,为贫下中农服务,这是团结、教育、改造知识分子的重要内容。当时天津各医院也组织了医务人员到郊县为农民治病。1963年,河北省邢台地区发生水灾,十几个县被淹,政府除去向受灾地区运送食品等物资外,还派去医疗人员。天津市派出二百多医护人员去宁晋、隆尧及新河三个县救助受灾农民。第一批医疗队去了三个多月,返回。天津市又派第二批医疗队,人数也大约二百多人。我是1964年年底参加第三队去的,我们队有180人左右,我任队长,一位刘书记兼副队长,还有一位肿瘤科金大夫任副队长。我们队下面又分三个小队,分别负责三个县的医疗防疫任务。

大队人马在1964年12月中由津南下直抵邢台市,这是邢台专区所在地。这个有几十万人的城市还较干净,我们全队就暂住在专区招待所。这是一座四层楼的建筑,每层有几十间房间,厕所和洗脸间都是公用的。大楼的前院有两个食堂,一个大的为旅客进餐用,另一个小的专为领导贵宾用餐。我们在招待所住了几天就都分配到几个县的公社去了。临行时还公布了几条纪律,主要是不要乱搞男女关系,要注意接受贫下中农教育,不要买花生吃等。我与另外几个人被分到新河县的一个离县城很近的公社。

原来以为我们下去是住在贫下中农家里,而且是吃"派饭",但到了实地才了解到农民实在太苦,无法接待我们这些城里人。于是我们只好住进公社卫生院里。这里所谓医院,实际只是两间门诊室,我们住在后院里的两间小屋。我与两位男队员住一间,他们一位是医生,另一位是药剂师;另一间屋住了两位女护士。吃饭是自理,但实际公社里买不到什么东西,有时是馒头和臭豆腐,而多数是白菜汤,经常饿肚子。挨饿是改造的一部分,我一生离不开挨饿,所以对挨饿习以为常。农民是长年挨饿,牛家桥的农民管吃饭叫"喝饭",因为每顿饭必是粥。

我们很快适应了生活,离开大城市觉得精神轻松愉快。除去吃的差外,一切都好。这三个县中以新河最苦,最好的是宁晋,但跟天津比当然差得很远。我们在邢台地区共工作了8个月,我住在隆尧县牛家桥的时间最长,每天几个人背着包到农民家看病,走街串巷。这时水灾已过,但农民生活很苦,浮肿、气管炎、肝炎等病很多,主要是营养不良所致,这些病与水灾没太多关系。那时因农村政策失误,导致农民干活儿无积极性,粮食不足,生活困苦,说白了,根本原因是吃不饱。可以说当时大部分农村情况都是如此,只是程度不同而已。地里的麦子在春节时只有1尺高,到6月就要收获了,我问一位农民对收成产量的预期,他回答说不会好。其实好不好与农民没有很大关系,反正都是要政府补助。

我们白天出去挨户检查农民有无浮肿,当然也顺便诊治其他疾病。我们要算出患浮肿人占全体农民的百分数,列表上报县卫生局,然后上级根据调查做报表给患者补助营养品,也不外是每月加 1—2 斤面粉、黄豆等。我们为患浮肿的农民发放了黄豆,过了约三个月县卫生科叫我们去复查,因为黄豆不能长期发,而吃了三个月黄豆的人一定有良效。在我们复查开始前,科长说实际不需要再复查,他说可以上报 70% 的人浮肿消失。我们不相信他的话,而去进行普查,奇怪的是调查的结果与科长的预测差不多。我真佩服他的估计,看来农村工作自有其一套诀窍。正如科长所说,如果上级一下指示就普查,在无医疗队时是办不到的,估计数要根据上级的意图,例如这次上级希望很多病人病情好转,就要报多些;如希望继续发黄豆,则要少报浮肿消失的人数。

这年冬天的一个晚上正准备睡觉,突然有人叫门,来人急找我们去他家抢救一个濒死的婴儿。我们急往。只见一个婴儿赤身睡在一个温暖的沙袋里奄奄一息,口吐白沫,心跳慢,瞳孔细小。我们急将婴儿从沙袋取出,行口对口呼吸,但无济于事,几分钟后婴儿的心跳、呼吸停止。我们了解当地人的习惯,婴儿出生后要放在烤热的沙土袋中取暖,沙土冷后便又换沙土,烤热后再将婴儿放入。

我们说不出婴儿死亡的原因是什么,乃返回住所。我们正在讨论死因时,突然又有人叫门,出于同样原因叫我们去急救另一男婴。我们急往。我们几乎重复同样动作,婴儿也未能得救。我觉得自己的能力有限,乃急电石家庄卫生防疫站寻求协助。值班的医生询问情况后决定立即前来。这位医生到达后便决定一起去现场调查,他说他的初步印象是有机磷中毒。我们到了死婴的两个家庭,了解了取沙土的地方,果然发现有一个放敌敌畏的瓶子,已经打开,瓶底还有残液,推断是大水将瓶子冲到沙土堆,敌敌畏洒在沙土内,当取到这地方的沙土装袋后,婴儿放到沙袋内,便从皮肤慢慢吸收敌敌畏而致死。另一线索是本村的另一端的居民取的是另一堆沙土,婴儿未有类似的死亡情况。于是向村民宣传不要取这里的土。此后未再发生类似中毒事件。我请教这位医生为何一开始就想到是有机磷中毒,他强调症状及死亡的特点,但更重要的是环境的调查去证实。他认为临床医生不能只注意对病人的检查而忽略对环境的调查。这话有道理。

次年夏天,天津某医院急诊室给我来电话,约我去看一位原因不明而昏迷的患者。这是一位大学生,昨天刚从农村参加"四清"工作回校,早晨洗澡后换上在乡下新洗干净的衬衣后吃早餐,不久感到头晕,乃去校医室看病,检查未发现异常。但病人则觉头晕加重,于是便送他到某医院急症科检查,当时也未发现可解释头晕的病因,便留院观察。病人头晕不减,最后昏迷。我看到病人时,呼之不能睁眼,瞳孔小。我想起在邢台所见的病例,怀疑有机磷中毒。

乃将病人的衣裤脱下,用肥皂水洗身,抽胃液化验、洗胃,并给以解磷定及阿托品,几小时后病人苏醒。追问病人才知道,他在离开农村前曾将衬衣洗好以备回津后换用,洗好后便将衬衣晾在室外的绳子上。但刮起风来便将衬衣吹落,正落在一个盛有乐果的碗内,他当时并不知道那是农药,拾起来又晾在绳子上。所以今天将衬衣穿在身上后,农药便慢慢从皮肤吸收,头晕越来越重,乃至昏迷。

我这次下乡还有两大发现:其一是在新河县一个公社卫生院药房里看到有位十七八岁的小伙子居然能把中国药典全部背下来。其二是在宁晋县遇到一位理发师,他理发速度快而又好,真是令人赞叹。我在许多地方,包括在国外理过发,他是我见过最好的理发师。我从墙上看到他在河北省理发业比赛得的奖状。

结束在邢台的医疗工作,我们于7月返回天津,行李被运到卫生局定于次日去取。但第二天我们到卫生局取行李时,先是局长讲话,对大家进行了口头慰劳,之后提出天津郊区发生了霍乱疫情,要求从邢台回来的人员按原编制去南郊区参加防疫。我们只有服从,也来不及告诉家里就直接去了南郊区参加防疫。有人去塘沽、葛沽等地,我被分配去小站。小站是袁世凯当年练兵的地方,而且出产著名的"小站稻"。当年练兵的营地已不复现,只存有一条街。我们几十人住在小站中学的教室里,因为此时学校正在放假。我们每天要按户检查有无腹泻的人……

由于小站是疫区,所以天津市规定小站的蔬菜水果等农副产品不得进入市区,这对我们身在疫区的人来说反而吃菜很方便而且很便宜。河螃蟹正肥时,也不许进入天津市售卖,我们则大量吃,味道鲜美。虽然卫生局三令五申不许医疗队人吃,但我每天早晨都看到垃圾箱内有很多螃蟹皮。按规定我们不许将螃蟹带回天津,但从小站回天津的班车上,每个人座位下都有一个"嚓嚓"作响的提包。

　　防疫工作一直到1965年11月初才算告一段落,我们回到医院工作。但等待我们的又是"四清"运动。没完没了的运动、改造,过了没多久,我这个小小的内科副主任却也成了运动的对象。

1964年,总医院内科老大夫合影,前排中为朱宪彝院长

五、"文革"中进牛棚

　　1966 年"文革"开始,我就被剥夺了当医生的权利,只能在病房做卫生清洁。1968 年 8 月 8 日,我被以"反动学术权威"罪名关入"牛棚",在以前已有十几个人关进来了,以后又有些人被关进"牛棚"劳改。为什么叫"牛棚"?在"文革"中"反"出来的走资派、反动学术权威、国民党残渣余孽、反动会道门等都统称之为"牛鬼蛇神"。所以,把关押这些人的地方就称之为"牛棚"。其实总医院关押我们的地方是刚建好而还没启用的科研楼,这个"牛棚"我想要比其他单位用破旧的房子当"牛棚"要好多了。

　　我记得是在那天下午被押送到"牛棚"的,那是科研楼的一楼,楼上还有三层都是空着的。管理"牛棚"的有四五个"革命群众",都是年龄较大的人,一位内科的男护士老苗,一位是药房的老李,后来成了我在二院的好朋友,还有一位中医李大夫和一位工人。这些人虽然都是普通群众,但还是很懂道理的,从不做过火的行为。我首先站在墙边等待分给我睡觉的席位,一间约六十平方米的大房子地下排列摆放着二十多个榻榻米,我的席位紧邻赵以成教授,家里给送来的床单、枕头、棉被等派上用场。晚饭时由一位管理员押送大家排队去食堂，一边走一边念："坦白从宽，抗拒从严，顽抗到底，死路一条。"买饭时只许吃窝窝头、青菜，不许吃肉、米面。买完饭后，又排队端回到"牛棚"吃。

晚饭后要自己学习，写交代材料。约晚 10 点睡觉，早晨 6 点起床，7 点排队买早点，8—11 点半劳动，下午 2 点学习，包括写材料、受批判……晚 6 点半晚饭。这就是每天的安排。

劳动是改造的重点之一，我们搬过煤，到后勤工厂打铝锅、安烟筒等，最后阶段我干的是烧锅炉。这种活儿其实较轻松，算是对我的照顾。

"牛棚"里关了大约有二十几个人，其中"反动学术权威"有四五人，他们的情况与我差不多，都是各科的负责人，比较钻研业务，就成为"资产阶级反动学术权威"，还有几位大夫和知识分子，另外还有几位工人、行政人员。其中有一位是韩大夫，其实他不是大夫，原是门诊部的扫地工人，年已四十多岁，1958 年大搞技术革新时，他自称能用中药治淋巴结核，所以被院领导看上，改为大夫，在外科上班，从此称为韩大夫。这次进来，据说是被举报贪污。运动结束后，他又改回门诊扫地，但他已经认识不少病人，他把病人带回家里去看，收诊费更高。"牛棚"里还有一位青年工人，他当然没有历史问题，但他因造反打伤了人，所以就把他送进了"牛棚"。

在"牛棚"里有一件事始终让我挥之不去，是一位皮肤科大夫的遭遇。这位大夫姓白，是四川人，毕业于四川医学院,后分配到北京皮肤性病研究所工作。他曾为得到这样一个位置兴奋了很一阵。1958年到北京上任,开始一切顺利,但1959年研究所要下马,他又被分配到天津总医院皮肤科工作,他仍感到荣幸。1961年全家来津,夫人在一所中学任教师,一个儿子在上小学,一家很幸福,过着一个普通的知识分子的生活。但是人算不如天算,1965年"四清"运动发生了,要清理阶级队伍。白大夫是四川人,住在重庆,开会时有人问他与重庆关押共产党人的白公馆有何关系?他说没有关系。但有人硬说他当然可能与白公馆有血统关系,这一下可坏事了!"革命群众"认为他就是残害共产党的要犯。其实发生白公馆惨案时他还没有来到这个世上,即使已落生,又与他以及他的家庭有何关系?他因此而被隔离审查,天天交代问题、写检查。到"文革"来了,他就被送进"牛棚"改造。他几乎从不说话,有一天专政组来找他去见他的儿子,他才知道自己已经初中毕业的儿子被分配北大荒插队落户。他回到牛棚时面色苍白、欲哭无泪的样子引起了大家的同情。但更令人心酸的是当人们问到他夫人何不一同来看他时,他说他夫人的中学也搞革命,她顺从造反队的要求,也可以说是命令,已与他离婚了。现在一家三口都相互划清界限,各自东西,孩子也走了。他认为他是罪魁祸首,所以他应当、也愿意待"牛棚"里,只有在"牛棚"里他才不去想这些一生都忘不了的事。

"牛棚"里另一人老白,原是在外科做秘书工作的,曾是北京协和医院外科的秘书,1941年太平洋战争爆发后,协和医院关门,他便赋闲在家。日本战败后美军来到北京,国民党为了接待美军就成立所谓的"励志社",老白因会说英文,就被励志社吸收担任导游。"文革"中造反队认为他曾为美军工作,就是特务,就是反革命,因此挨了多次批斗。1969年离开"牛棚"回到外科工作时,他已年近六十,不久申请退休,回到北京度过晚年。

1968年年底,工人宣传队进驻医院,"牛棚"也关闭了,我被允许回家,仍回内科病房参加劳动,做清洁工作,并接受工宣队的再教育。不久,解放军宣传队也来了。

我们接受再教育的方式很多,但对我最深刻的是吃"忆苦饭",通过"忆苦思甜"使我们这些知识分子的世界观得到改造。我一共吃过两次"忆苦饭",就是由食堂的厨师做的。不知他们究竟用了些什么原料,做的是类似窝头样的蒸食,大约五十克一个,黑的,吃起来很干,好像有玉米面、高粱面,还有点儿菜梗,略有点儿咸,咬一口在嘴里要嚼上半分钟才能咽下。由于太干,要不断地饮水才能将食物送下,所以吃前最重要的是打一壶开水。吃"忆苦饭"是改造教育的一个内容,吃时要集体吃,要在工宣队领导的眼皮子底下吃,不能单独吃。别看这两个黑饼子,你得花一两个小时的功夫"宴会"才能结束……

六、记老梁

老梁叫梁什么我至今不清楚。自他1959年分配到我们医院工作之日起,不知谁开的头,大家不约而同地称他为老梁。其实他到院的时候,是一个刚从北京某大学毕业的学药学的二十几岁的年轻人,但是一个右派学生。由于这顶可怕的帽子,尽管是在北京出生的,也不能留在北京工作。因此,就分配到我们医院,就好像我们医院对右派分子有天然的免疫力!对于这样一个人,总不能像对其他青年人一样称他为小梁,因为那样显得太亲切了,有敌我不分之嫌;而除了领导外又无从知道他的真实姓名,如果特意去打听,可能还会招来不必要的麻烦。因此称他为老梁是再合适不过了。再从外表看,如此称呼似乎也比较合适,因为他根本没有青年人朝气蓬勃的精神面貌,他穿着一身褪了色又不大合身的灰色制服,总是驼着背,头略向下垂,本来就不高的个子显得更矮了;他脑门上已显露出皱纹,面色萎黄,两只无神的眼好像各看一侧,嘴唇周围长着长短不一的稀疏胡须,就好像荒地里的杂草。我从未见到他笑,甚至微笑,也未见到过他哭。可能他没有什么可笑的事,因此也就没有可哭的事。我们每天都能看见他穿着一件洗不白的白大褂在药房出出进进，袖子老是卷起，有时端着筐，有时拿着盆，一看便知这个学药的大学生在药房里只是当个勤杂工，跟药挂上点儿关系，也算是分配对口吧。

　　随着"文革"的不断深入，老梁的日子实在不好过。每星期的政治学习对他来说就如同到法院过堂一样，不断地认罪检讨，没完没了地写检查，好像他从小学起所学的功课就是为了写检查。人们并不知道他因为什么当了右派，也许连他自己也不明白怎么就成了右派。由于是右派，所以没人愿意与他同屋，更好，他独自一屋。他最喜欢过星期天，因为他可以独自在屋里待着。当然，他也没有女友，也许甚至就没有这种想法与要求，思想的压力已使他失去了男人的功能。有人说爱情是人生的支柱，但他没有爱情不是也活下来了么？说也奇怪，他的生活支柱是马列主义，天天在学。而"革命群众"的支柱就是老梁，没有老梁群众就失去了批判对象，老梁活着的作用好像只是为了当反面教员，他已经失去了做人的尊严，一个任人辱骂没有人格的有机体。他不敢触怒任何人，也不想取悦任何人，他只想痛苦地活着，而还不想失去生命。他吃饭不是为了健康，而只是为了保存生命。他没有喜怒哀乐，永远保持中性的表情，有时他也微笑，但那只是为了缓解自己内心的痛苦。别人认为他并不存在，他也认为别人不存在，虽然大家都生活在一个星球上，但他是被别人监督、改造的。1976年"四人帮"垮台了，但对他没有任何影响，因为右派是老早以前定的。到了80年代初,一声惊雷后天空突然出现了彩霞,老梁戴了二十几年的右派帽子被摘掉了,他终于咸鱼翻身了。最初他还挺兴奋,后来才发现周围的人对他的态度并无很大改变。因为他是一个"摘了帽的右派"。

很长时间没有看到他了,经打听才知道他已向领导申请了病退。领导是他"牛棚"里的"棚友",因医院要缩小编制,所以很快批准他的申请,并安排回原籍北京,那时他还不到五十岁。这个从工作起就在被批斗、写检查中生活了二十多年的人现在总算完成了他当反面教员的任务,回到生养他的地方休息去了。他身心太累了,真该好好休养歇息了。

1990年冬天一个偶然的机会,我到北京前门外珠市口去看一个朋友,没想到在大街上遇到了老梁。我们过去从未交谈过,他邀我到他家坐。那是一个大杂院,有一间南屋是他母亲留下的,母亲两年前去世,只剩他一人独守,屋子里有一个做饭兼取暖的蜂窝煤炉子。他还是独身,也没有亲友,他更显老了,皮肤干皱,说话慢而声音小。我好奇地问他,究竟说了什么右派言论才把他推到这个无底的深渊。他说在学校里政治学习时,有一次曾向一位党员同学提过意见,要他多办实事,少说漂亮话,就引起了这位党员同学的不满。等到政治运动来了,那位同学就说他认为党只说不干,因此成了右派。这真是祸从口出!无疑,他的这位同学一定因此而高升了。我无言以对,临走时给他留下我身上仅有的100元钱,让他给自己买些营养品,我希望能给他一点儿温暖。1994 年我又有机会到北京,当我再去看他,屋子已换了主人。邻居告诉我,老梁已于一年前病故,死前没有去过医院。他可能害怕医院。

七、成了一名军医

我自 1969 年被从"牛棚"平反后,一直在看门诊、急症,到 1971 年夏我被派到本院中医科门诊学习。有一天,院长办公室来人找我,说有一位北京来的人要见我,于是我随他前往院长办公室。来人是一位穿绿军服的中年人,人称王科长。他一见面就问我是否愿意为"无产阶级司令部"工作。我不明白这人的身份,由于长时期挨斗,对这类问题很敏感,只能答"愿意"。他说北京有一法文材料,希望我去翻译。

第二天我按时前往院办公室,见到病理科陈大夫正在与这位城府很深的王科长谈话。我正暗自惊叹陈大夫交游广泛,王科长请我进去,或更确切地说是命令我进去一起谈。谈话内容是告诉我们次日上午一同去北京。我出来时问陈大夫是如何认识这位科长的?他回答说根本不认识,而他还反以为我认识这王科长。第二天我们按时来到招待所,上车时发现还有两位大夫,一位是口腔医院的刘大夫,另一位是一中心医院的高大夫。我们 4 人一同上汽车,相对无言。后来才知道,我们经过审查已成为解放军部队医院的医生。就这样,我们在 1971 年年底都穿上了军装,成为中国人民解放军的军医。

在部队医院,我住在一座为高干建的俱乐部里,那间房曾是理发室。所以,室内有两三面大镜子,面积 25 平方米,房子紧临着游泳池,冬暖夏凉。吃饭是与战士一起,每月 16.5 元,吃得很饱,星期日是两顿饭。每周能看一次电影,每周六上午是劳动或出操,生活很规律,但有些单调。我按调来时的协议每两周回天津一次。

我虽然算是参军,但户口还在天津。有一度我打算把全家调到北京,而且已看了在北长街为我安排的房子,但由于季鸿所在的儿童医院未同意而作罢。这期间"文化大革命"仍在如火如荼地进行着。我在部队医院里常看见迟群、谢静宜、唐闻生、王海容等人的身影,我弄不清谁跟谁斗。当然,这也不是我等百姓所关心的。

1974 年我 56 岁,已达到部队规定的退休年

1974 年,石毓澍在部队医院

164

龄,况且我家在天津,于是我向政委提出调回天津。经过多次谈话,最后终于同意我回津工作,并被批准按转业军人待遇。临行时不少人到车站给我送行,那是 1974 年 9 月。我利用回天津上班前的休息期,携全家乘火车到上海一游,并看看宝珠和联珠。我们经南京、苏州到上海,回来时坐船到青岛,改火车回天津。

成为中国人民解放军军医

不久我到天津医学院第二附属医院上班,正式结束了我的"戎马生涯"。对我个人来说,参军改变了我的政治身份,证明我在政治上是信得过的人。这是最好的平反。

八、创建心脏病学研究所

1974 年 9 月,我从北京部队医院转业后回到天津工作,那时医学院刚成立第二附属医院,我不愿回总医院工作,乃向医学院党委提出要求去二院工作,经研究后批准我去二院内科任科主任。

二附院院址是前河北省医院,河北省政府迁往石家庄后,在"文革"期间被占用,1973 年交还地方,改为医学院第二附属医院。我从 1974 年起,一直工作到 1996 年出国,所以这是我工作时间最长的地方。

这个医院位于天津城区南部,靠近黑牛城。主楼为五层,原有400张病床,医学院接收后又增加了300张床,所以共有700张床。医院科室齐备,五楼为外科,四楼为泌尿外科,三楼及二楼是内科,一楼原为儿科与妇产科。那时主持院务的有王效勤书记、王树斌院长,还有几位副院长,他们都是老干部,为人诚实,作风实干,有很强的事业心,不搞私利,不整人,也不争房子,所以大家都很拥护他们。到1976年"四人帮"倒台,医院才开始建设,我也才有机会考虑建立心脏科。

1978年春,全国科学大会在北京召开,我有幸被邀与会。由于当时我对搞科学研究已心灰意冷,所以是抱着旁听的态度去参加会的。但在会上,邓小平同志语重心长地号召大家努力工作,把丢掉的时间夺回来!这句话深深地触动了我,深感自己的责任重大。虽然那时我已是近六十岁的人了,但热血又重新沸腾起来,多年来埋藏在我心底的实现科学报国的理想又死灰复燃了!不难想象,一个人有理想而不能实现,就如同一个人识字却不许他看书一样,内心是多么的痛苦!参加这个会让我深受鼓舞,感觉中国科学技术大发展的时代到来了,我终于有用武之地了。我要努力排除阻碍科学发展道路上的愚昧和障碍,让天津人民享受到近代心脏病学的诊断治疗。

我回到天津医学院第二附属医院后,便思索着要建立一个独立的心脏病科,组成一个以高学位医生为基础的集医疗、教学及研究为一体的科室。我的这项请求得到当时的领导王树斌院长和王效勤书记的理解和支持，我非常感谢这两位领导对我的信任，这是我以前所未遇到的。1980年正好医院的新楼建成，各科都迁到了新楼，老楼的一层楼空出来了，于是我向院领导申请在一楼建心脏科。

我认为建立一个近代化的心脏科一定要发展介入性心脏病学，所以首先建立由心脏科掌握的导管室是十分重要的。但一台 X 光机是十分昂贵的，约一百万美元，约合人民币八百万元。那时法国 CGR 公司在香港的分公司为卖给二院一台照肠胃的 X 光机，约我们几个人去香港看看其在 St.Mary（圣玛丽）医院的 X 光机，在看完这台设备后又领我去另一家医院看心血管造影机。他们告诉我，该院想换一台双 C 形臂的机器。因此，想把这台只用过两年的单 C 形臂的机器卖出。CGR 公司的人说如果我们想要，他们可以原价的 1/3 价格，即 30 万美元卖给我们，管球及影像增强部分都给我们新的。回来后我就去找当时的天津市委书记陈伟达，因为那个时期我常给他看病，向他提出拨给我们 30 万美元及配套人民币，购买这套设备。我的想法得到陈伟达书记的支持，几天后他告诉我经讨论研究，批准了我的要求，拨了 30 万美元，要我去办手续。于是我立即请外贸公司与香港 CGR 公司商谈细节，最后以 25 万美元成交，买回了这台二手的 1200 毫安的 X 光机。之后，我们立即着手派人去香港拆卸。这是冒风险的工作，弄不好可能运回来安装不上。为此我们做了很细致的工作，所有接头都照了相。与此同时，我在二院筹建导管室，院长将原来的计划生育手术室给了我们。于是找有经验的老工人承办，因为 X 光机在活动时要很直，而我们没有专用测量仪器，全靠老工人的眼力及经验。最后测出当 C 形臂转到下面时几乎与地面接触，于是决定把地面下挖 15 厘米；机器的高压部分占很大体积，又把隔壁的冰室腾出放高压部分，电缆从墙根挖洞穿过。经过几个月的改造、拆卸、装运、安装、调试，最后终于成功了。我们几个医生和护士一同清洁病房，自己油漆……从此，我们有了自己的导管室，可以做各种有关导管的检查及治疗了。

我们买 X 光机只用了 25 万美元，还剩 5 万美元及配套人民币约三十万元。我当时想，如果买仪器，用几年也就坏了，不如用这笔钱建一个实验室。于是我找到医院工程股，然后又见到天津第一建筑公司经理，他们同意以100元/平方米的价格为我们建一座三层楼的研究室，建筑面积 450 平方米，这样我们还缺 15 万元。为此我又找市计划委员会，说服他们拨款 15 万元。不到一年研究室就建成了，质量很好。从此我们有了自己的"心脏病学研究室"（后来改为研究所），内设生化、病生理、电生理等实验室，主任办公室也在那里。在这段时期，我主要开展心电生理学工作，很成功。我是中国最早做这方面工作的，在 1991年我协助心外科开展了二院的第一例冠脉搭桥手术。

与此同时我们又买了 B 型超声心动图机、平板运动试验等设备，建成了比较全面的集心脏病诊断、治疗、科研一体化机构。这是很令我感到欣慰和开心的事,下一步就是培养一些硕士及博士来充实这个研究室。我很荣幸地被批准为国家第一批博士生导师, 前后共培养了 14 名硕士、6 名博士,他们已成为研究室的骨干。在这期间,我除指导研究生开展研究、撰写论文及答辩等工作外,还撰写了《临床心律学》《临床心电生理学》两本书。1995 年,在中华医学会成立 80 周年大会上,我被评为全国 80 名有突出贡献的医学专家之一,并受到表彰。以后,中华医学会心电生理起搏学分会又给我颁发了"对我国心脏电生理与起搏事业做出杰出贡献"的奖牌。

对外交往也是在这个时期开展的。1980 年,在天津接待了以 Diamond 为首的美国心脏病学代表团,促成二院的两名大夫去美国 Kansas(堪萨斯州)学习。1981 年,我接到法国 Mallet-Guy 教授邀请去里昂访问, 这是由 R.Froment 教授介绍的,这次访问促成了天津医学院与里昂中法学院

与日本学者在心研所门前合影,左三为石毓澍

169

1985年,与美国学者及黄体刚、李忠诚、姜铁民等在心脏病研究所门前合影,前排左三为石毓澍

的合作协议,在以后的几年中送7名医生去进修。Mallet-Guy教授、Galy教授都来过天津讲学,朱宪彝教授也去过里昂讲学。此外,美国、荷兰、日本、法国、加拿大等医学家多人也相继来天津二院心脏病学研究室讲过学。1988年,我与法国Nancy医学院心外科Villemot教授签订合作协议。1991年,我与医院院长访Nancy。1992年,Villemot、Madame Mattei、Dr.Max Amor等7人组成心脏内外科讲学团来天津,在二院及总院做了7次冠脉搭桥手术,作了4次学术报告,非常成功。天津医学院聘请他(Dr.Villemot)为名誉教授。我组织了4名心外、麻醉、体外循环等大夫去Nancy学习了2个月。

1988年我已过七十岁,感到有些力不从心,于是提出辞去行政职务,被医学院授予终身教授;同年被法国里昂市授予荣誉市民。此后我一直专心著书立说,也参加一些重要会诊等工作。

1996 年与季鸿一起移居澳大利亚，从此结束了我在中国的科学生涯。"四人帮"被打倒后，我连续获得很多荣誉，其中有：天津市政协常委、河西区人大代表、中华医学会副会长、天津医学会会长、天津市劳动模范、《中华内科杂志》副总编、天津市特等劳模、全国"五一"劳动奖章、全国第十一次工会代表大会代表等。在我工作期间，有成功的经验，也有失败的教训，正像罗贯中在《三国演义》中说的："是非成败转头空，青山依旧在，几度夕阳红。"俱往矣！如果说对人生有哪些感悟，我想还是那句名言："机遇只给有思想准备的人"。

回顾我 1951 年到天津总医院后，医疗工作一直与政治运动相伴随，经历大致如下：

1951 年，在总医院内科工作，经历了"三反""五反"运动；

1952 年 8 月至 1953 年 3 月，被调去参加反细菌战工作；

1953—1957 年，做了些临床研究工作；

1957 年，经历了反右运动；

1958 年，经历"拔白旗"运动；

1959—1962 年，全国节粮度荒，无政治运动，可以干些工作，但又吃不饱；

1962—1964 年，做了一些心力衰竭的研究；

1964—1965 年，近一年时间在邢台遭受水灾农村做防疫，以及在天津南郊区防治副霍乱；

1965—1966 年，经历"四清"运动；

1966—1974 年， 经历 "文化大革命"，其间，1971—1974 年，调离天津总医院，调到解放军部队医院工作；

1974—1996 年， 从解放军部队医院转业后到天津医学院第二附属医院工作；

1996 年，移居澳大利亚。

第五章

Chapter 5

记石挥兄

1995 年夏，中国广播电影电视部、中国电影家协会等单位联合举办了世界电影诞生 100 周年暨中国电影 90 周年纪念活动。中国电影世纪奖评选会委托上海影片公司邀请我赴京参加世纪奖颁发仪式，并作为家属为已故的石挥领取中国电影世纪男演员奖。我欣然接受了这个邀请，

石挥

因为这是中国电影界乃至全社会对石挥蒙冤平反后的又一次肯定，是对他一生的公正评价，是他所得到的最高荣誉，也是对深爱他的亲人的告慰。我在会上见到了许多石挥生前的同行好友。看着主席台上台下石挥的老友谢添、谢晋、张瑞芳等著名演员，听着对石挥一生的回顾，对他的为人及艺术天才的赞扬，我真是感慨万分、思绪万千，我的思绪回到了几十年前——我所熟知的真正的石挥。

一、杨柳青石家

石挥 1915 年生于天津杨柳青，父亲绍廉公（字博泉），母亲沈氏树珍。按先祖献庭公的建议，从 1827 年起，石家财产分与四个儿子，即分为 4 门，现在杨柳青的"石家大

院"是四门尊美堂的产业。石挥是二门(恩德堂)的后代,到祖父作瑗公时自立为"三德堂",有4子,第四子绍廉公即石挥的父亲。石挥原名毓涛,出生后不到一年随父母迁至北京。那时因父亲曾在北京读过几年北京筹边学校(为治理边疆训练人才),受到了大城市生活的影响,鉴于杨柳青大家庭日趋衰落,决心外出谋生,乃谋到北京高等师范学校(北京师范大学前身)的职员工作,于1915年毅然抛弃不多的家产,举家移居北京,这在当时的确是大胆而明智的决定。随同父亲来北京的除母亲外,还有大姐毓滋、大哥(大排行五)毓浔,即石开,笔名杨柳青(《我这一辈子》的编剧)和不满周岁的三哥毓涛(即石挥)。二哥毓溥因已过继给"怀德堂"十一伯父,故未随来京。父亲的乳母张氏(我们称为乾奶奶)也一同来京与我们生活,到她70岁时才由干孙子石挥陪送回杨柳青亲儿子张明家中安度晚年。这位慈祥的老太太给予了全家人无限的慈爱,使我们终生不能忘怀。

石挥于6岁入北京琉璃厂师大附小读书,每天上午走着或坐车去学校,中午家人给他和弟弟、妹妹送饭,下午一同走回家。小学时的他很活泼,不拘谨,很容易与同学交上朋友;学习也很聪明,学校的作业很快就做完,不很在乎成绩高低。他喜欢听人讲故事,更喜欢重讲听过的故事,下学回家后总是把一路上所遇到的事讲给大家听。在那个时代,私塾与近代的小学是并存的,任人选择。学校除了学国语(白话文,即现在的语文)、算术外,还有体操、唱歌、手工等。这些在老年人眼中都是哄孩子,耽误时间,是没有用场的课程。所以,父亲每晚要给石挥等几个儿子补讲学校缺少的功课:《论语》、孔孟之道,认为这是人生必修课。他反复讲解,直到孩子们疲倦得昏昏欲睡为止。

到了高小时,学校每年一次的游艺会是石挥最快乐的时候。老师常叫他代表班级表演小独幕剧,他与同班的董世雄(后来鼎鼎大名的蓝马)经常是不可分离的搭档。谁能料到他俩后来竟都成了中国著名的演员,又同时被评为世纪电影男演员! 1952 年,石挥和蓝马相偕回到母校看望老师,在师大附小的师生中引起了轰动,可惜原来班级的钱老师已不在了。

1927 年,小学毕业后石挥考入了离家很近、位于宣外达智桥的河南中学,在那里他的课外活动主要是篮球,那是这所学校唯一的体育活动。在家中,他最喜欢拉父亲的京胡,并教我拉二胡与他配合,后来我们也常配合拉奏京戏唱段,那是从街上铺子里的收音机中听会的。然而,左右石挥生活甚至命运的不是学校的功课,也不是京剧,而是国家政治。那一年,北伐军进入北京,不久,东北三省易帜,国民党统一了全国,北京改称北平。而更直接影响家庭的是政府南迁,在北京政府工作的人员几乎全部失业了。父亲也不例外地失业了,家庭收入中断,生活失去了乐趣,陷入困境。北京的市面萧条了,权盛里也不再兴旺了,叫卖的少了,晚间只听到卖硬面饽饽的有气无力的叫卖声,那简直是哀鸣。夜晚打更的梆子声在宣告一天又混过去了。父亲失去了工作,便意味着家庭中年长的男孩子应首当其冲地挑起经济担子。为了早日养家,大哥初中毕业后便到天津电报学校学习,后来在北京短波无线电台找到工作。三哥石挥在初中毕业后也因生活所迫,无力升学,只得四处寻找工作以补家用。

二、生活在底层

1.北宁铁路的车童

石挥从报上看到北宁铁路局招取车童（列车员）的广告,当即报名,经面试后很快被录取,然后到天津培训三个月就开始在京奉线上服务。在火车上,他接触了许许多多的人:中国人和外国人、穷人和阔人、文明的和不讲理的、美国兵和日本兵等。对于一个刚刚踏入社会不满二十岁的青年来讲,这里真是一个万花筒。车童的工作虽然很累,但对青年来说也很新奇,石挥就是从这里开始观察社会、领略人生的。他每月能赚少许薪水,而且每隔几天还能回到北平家中,给家里生活带来了帮助,不论是他还是家人都感到了满足。可是,这个工作并没有持续很久。离沈阳不远的打虎山站急需一名办事员,站长看到石挥比较肯干,能说会写,就争得上级同意,将石挥调到打虎山站工作。这工作对石挥来说当然比在车上服务的条件要好,工作地点固定,不再劳累跑动,但唯一遗憾的就是不能常回北平的家了。

世间的事从来就不是静止的。1931年,九一八事变爆发,日军侵占了东三省,交通、邮政都不通了,我们在北平无法了解他在打虎山的情况,半年多后才恢复联系。石挥在东北看到了国民党政府不抵抗政策的结果,日本人只用了三个月就占领了东北三省。他岂是甘于在日本刺刀下工作的人!他不愿当亡国奴,决心要离开东北回北平,但日本人不许铁路职工随意离职。他想了许多办法,最后想出最好的办法就是假说母亲重病,需他急回北平。于是我就照他所说,给他发了一封快函,叫他速回。站长心知肚明,不愿留难,向上级打了报告,于是批准了他的辞呈。这样,他于1932年夏回到北平家中,又与我们重新生活在一起。

2.牙科诊所学徒

回到北平后,又要重新考虑就业谋生的问题,这在当时是最难解决的问题。每天看报、找朋友,想尽了办法。有一天看到报上登着一位牙医征聘学徒的广告,于是石挥找上门去。这位金大夫看了看石挥便答应按学徒留下他试用,条件是管两顿饭,也就是说整天上班,直到晚饭后。此外每月给一元五角零用钱。石挥抱着学会拔牙,将来可以作为生活技能的幻想接受了这个学徒工作。可是上班后很快就明白算不过金大夫,他并不要你帮助治牙,而是让你当一个小听差、小佣人,每天的工作是打扫院子、做卫生、给金大夫端饭倒水。当然有病人来看牙时,要手托器械盘子,点着酒精灯,不停地脚蹬钻牙机,这还不离学徒的谱。后来越来越离谱了:这位金院长(其实就他一个人,但要别人称他为院长)出诊要为他叫人力车、拿皮包;院长太太及小孩儿吃饭也要石挥端饭端菜。由于石挥工作不偷懒,金院长对他更加信任,干脆把哄孩子等家务也交给了他。一天马不停蹄,连坐的时间都没有,有时要到很晚才放他回家,石挥感到体力和精神都吃不消。更让他难以忍受的是,自己处在低人一等的地位,吃不饱不算,人格上还很感屈辱。因此,他干了不到一个月就毅然辞职了,回家另谋生路。

3.涉足话剧与真光小卖部

石挥回到家里每天看报,寻找用人广告,什么办法都想过,他曾想考陆军学校,也想过养蜂等,但都未成功。每天外出找同学想办法,有时也顺便去天桥看看杂耍,但并非如人所说常在那里闲逛。他喜欢的还是京剧,广和楼倒是他常去的地方。不知是缘分还是神的主使,他小学最要好的同学董世雄听说石挥回到北平,有一天突然来看他,那时世雄已从事话剧很久,并已改名为蓝马。两人相见分外亲热,一阵寒暄叙旧后,石挥把自己当车童、牙医学徒的见闻叙述了一番,引得蓝马哈哈大笑。石挥便问蓝马现在干什么工作,蓝马说正与一位朋友张先生组织一话剧团,名为"明日话剧团"，并约石挥参加，一同演话剧。那时石挥并不懂话剧是什么，只知道一些年轻人在一起玩儿挺开心。他考虑到自己现在主要是找工作、挣饭吃，没有心思玩儿，就不愿去儿。但蓝马说那里管一顿午饭，他觉得还有点儿吸引力，就与蓝马一同来到了东城的一所平房，明日话剧团的所在地。

九一八事变后，全国大城市左翼话剧运动兴起，北平出现了一些话剧团，层次不等，明日剧团就是其中的一个。在这个四合院中，北房是办公的地方，南房三间打通为排演场，里面正在排戏，一共有十几个人。石挥第一次看到了一个全新的世界：男男女女，有穿洋服的，也有穿长袍大褂的，女的有烫发搽口红的，也有梳小辫子穿高跟鞋的，有的在念戏词，有的在喊叫、吵骂、狂笑，香烟、香水的味道混杂在一起。石挥见此情景，有些不知所措。他身着中式裤褂，见到这些半中半洋的青年，感到一片茫然。这些排演话剧的人中多是些花花公子、娇气小姐，家里有钱，懒于念书、工作，酒足饭饱之余想上台演演话剧，赶赶时髦，出出风头。排戏像打

石挥(左)与程之演出剧照

架,都要当主角,导演不断劝架,讲戏示范。这场景本身就是戏。他们当中恐怕只有几个人是真正热衷话剧事业的,在当时困难条件下他们开创话剧值得钦佩, 他们是中国话剧的先驱者。

一天,直到天快黑了石挥才离开排演场,但对话剧还是一知半解,不过他答应了蓝马每天来干点杂活儿,吃顿午饭,还有几毛钱工钱,这总比在家里无事可做强。那时每隔几天"明日"便在真光影院公演一次,然而观众对话剧还较陌生。事实上石挥在剧团每天的工作是搭布景、搬道具、买东西、贴广告等杂活儿。有一天,演"茶房"的演员没来,石挥临时替代上场,这次偶然的替补使石挥无意之中迈出了人生关键的一步,这就是他话剧生涯的开始。此后他还不断演了一些短剧,也从此更名为石挥。随着与话剧的不断接触,他慢慢读了一些中国和外国的剧本,对话剧有了进一步的认识,从中找到了自己的感觉和追求,不知不觉地献身到了这一事业中。随着时间的推移,他也开始演了一些角色,诸如《雷雨》中的鲁贵等。

北平也像其他城市一样,经济萧条,明日剧团演出的上座率很低,入不敷出。最后蓝马和他的同伴实在坚持不下去了,只好忍痛宣布解散。蓝马去了太原电影公司,以后又辗转去了其他城市,总之没离开话剧、电影这个行当。蓝马的合伙人张先生知道石挥的家在北平,生活困难,就介绍他到真光电影院的小卖部工作,暂时维持生活。石挥很想读一些外国话剧剧本,所以他下决心要学英文。他每星期用三个晚上去青年会夜校学英文,而这三个晚上就由我代他去真光影院小卖部顶班。他的毅力真是值得佩服,经过一年多的努力,他竟能顺利阅读英文戏剧剧本了,几年后还翻译出版了两本书。大约在1935—1936年间,由唐槐秋率领、陈绵任导演的中国旅行剧团来北平公演,轰动了北平,再次掀起了古都话剧热。剧团的演员如唐若青、白杨、陶金等都是全国的名流,蓝马也在其中。石挥看到了真正的话剧,重新燃起对话剧的热情,决心与蓝马携手参加"中旅",献身话剧事业。1937年七七事变后,北平沦陷于日军铁蹄之下,石挥深感必须离开这垂死的古都,到新的世界去奋斗。1940年,石挥凑足了旅费,告别了母亲和弟弟,离开北平,只身远去上海,投奔"中旅",开始了他献身中国话剧事业的生涯。这是一个大胆而冒险的决定。

三、影剧艺术生涯

1.初入上海话剧圈

1940年8月11日,石挥乘火车来到上海。这个身无分文的青年带着陈绵先生的介绍信来到现在的上海延安路原璇宫剧院去见中国旅行剧团团长唐槐秋先生。由于早先蓝马曾向唐团长介绍过石挥，而中旅也希望增加实力，所以石挥便被留了下来。刚来到上海时，石挥就住在璇宫剧院的楼上。这个剧院地处租界，日本人还不敢插足。中旅派给他的第一个戏是饰演《大雷雨》中的钟表匠库里金。石挥知道成功与否在此一举，他努力钻研剧本，揣摩角色。当剧幕拉开时，石挥饰的库里金正弹着吉他，坐在河边十分潇洒，完全是一位俄罗斯老人的形象，很快就把观众吸引住了。他的说白、举止都恰到好处，博得了好评。人们说，石挥饰的库里金是上海街上所看到的活生生的俄国人，而别人饰的库里金只是在"演"俄国人。翻译家满涛先生看了首场演出后写了评论，首次向上海观众介绍了初登上海舞台的石挥。这第一炮算是打响了，石挥开始成了引人注目的人物，记者采访、报纸评论以及没完没了的会见。

继《大雷雨》后，他又参演了《梅罗香》《欲摩》《花木兰》等演出，都很成功。说实在的，他纯正的京白使上海人耳目一新，比上海人的"海味儿北京话"好听多了，这也有助于他的成功。他有北京生活的底子。因此他在田汉所写《名优之死》中饰演的主角京剧演员秦叫天，说白、投足、举手、眼神等更使人感到生动、逼真，赢得了好评。这时的石挥已在中旅站住了脚。

但是好景不长，此时的中旅已经不是抗战前的中旅了，不少出名的演员相继离去，多数远走内地。剧团也不再发展新戏，更看重商演盈利，唐家班每次演戏东家都要抽成百分之几。于是包括石挥在内的一些演员都终止了与中旅的合同,另谋出路。其实从石挥的内心里,对唐槐秋和陈绵两位前辈充满敬意,认为他们是中国话剧运动的开拓者,是他们把他引上话剧艺术生涯的,所以他始终称他们为老师。他对唐槐秋多年如一日地开展话剧工作甚为佩服。他所不满意的是中旅后期走入商业化,致使前功尽弃。

在那个时期,上海孤岛针对表演艺术正进行争论:是苏联的斯坦尼拉夫斯基的以体验生活为本的表演好,还是以法国克拉兰的重在表演艺术的表演好?凑巧的是,当石挥来到上海时,著名戏剧家黄佐临与他的夫人丹尼也从英国回国,并在重庆的国立剧专任教期满后也来到上海。黄佐临发表了对表演艺术的看法,他认为表演一要有天才,二要有表演技巧。这使石挥极为佩服。那时黄佐临等正在组织上海剧艺社,乃动员石挥加入,石挥欣然同意。石挥离开璇宫还要找住处,黄佐临让出楼下的客厅,叫石挥、黄宗江与黄宗英仨人住,并供他们吃饭,每人每月只象征性地交10元钱,以使他们安心。在这个阶段,石挥和很多青年人一样,都师从黄佐临,学到了很多东西,可以说打下了很坚实的话剧表演基础。更宝贵的是石挥从黄佐临的书柜中看到了上万本英国戏剧书籍,他还翻译了其中的两本,即《一个演员的手册》和《演技教练》。在此期间,他也写了《舞台语》等文章发表在刊物上。

上海剧艺社其实是中共地下组织领导的话剧团体,是上海孤岛话剧运动的主流,集中了许多英才。石挥来后的第一个戏是由吴天导演的《家》,剧中石挥饰高老太爷;此后又演出了黄佐临导演的《边城故事》,吴仞之导演的《鸳鸯劫》《愁城记》等。而最有影响的是吴祖光编写、吴天导演的《正气歌》,石挥在这个戏中饰文天祥。对这个戏,石挥下了很大功夫,在文天祥殉国一场大段道白中,他慷慨悲壮,使全剧达到高潮。此剧的演出使石挥声名鹊起,被上海媒体誉为话剧皇帝。1941 年秋,黄佐临离开上海剧艺社,另组上海职业剧团,石挥与吴仞之、张伐、韩非、黄宗江、史原等也随他而去。上海职业剧团不久改名为"苦干剧团"。

2.加入苦干剧团

上海职业剧团成立后首场演出的剧本是曹禺所著、黄佐临导演的《蜕变》,首场演出是 1941 年 10 月在卡尔登剧院。石挥在剧中饰梁专员,丹尼饰丁大夫,韩非饰孔秋平,严俊饰马科,黄宗江饰况西堂,角色搭配可谓"强强联手"矣。抗战时期这出戏在内地多次演出,获得好评,尤其在重庆的演出,石挥所饰的梁专员被曹禺认为好得不能再好了。《蜕变》在上海公演后在观众中激起了强烈的爱国激情,石挥感到比先前演正气歌时更振奋民族精神。他多么希望来一场民族的蜕变,让中国变得强大起来。演出获得巨大的成功,掀起了孤岛的爱国热潮。著名编剧家徐昌霖看后都承认,石挥确有强烈的吸引观众的魅力。这个戏在一个月内连演 34 场,场场爆满。

1942 年 10 月,苦干又推出另一个大型话剧《大马戏团》,导演还是黄佐临。石挥虽然饰一个配角慕容天锡,但他也十分认真研究了这个角色。这是一个十足的大坏蛋,而又把自己装成上等人、假绅士。石挥从自己所熟悉的生活

1950年春在北京拍摄影片《我这一辈子》(坐者为石挥)

中吸收了不同人的特性及习惯,甚至说话语调,来塑造这个形象,他惟妙惟肖、逼真的表演把观众的情绪带入高潮。在卡尔登剧场的大厅里,观众不断议论着石挥的表演细节;演出结束后,观众争相来到前台为石挥的演技鼓掌。观众退尽后演员们才一起走出后台,在楼梯口恰遇京剧大师梅兰芳也来看戏。经著名导演费穆介绍,梅兰芳热情地握着石挥的手不断称赞。《大马戏团》在上海的演出盛况空前,连演40天,共77场。石挥每天演2场,过度的劳累使他在第74场时晕倒在舞台上,经医生治疗后恢复,次日他仍坚持出台。

　　《大马戏团》一炮打响,轰动了上海,震动了北平。那时陈绵正在北平组建长安剧社,特南下邀请石挥等人北上演出,《大马戏团》也得到了北平观众的热烈欢迎。《大马戏

团》演出结束后,费穆邀请石挥在《秋海棠》剧中演秋海棠
一角。石挥很看重这个戏,不仅是因为费穆是著名的导演,
是一位有学识、有风度的学者,而且戏中人是一个京剧演
员,很对他的路。虽然自己缺少红伶的气质,但既然导演信
任,又不断打气,所以还是愿意合作试试。他细读了剧本,
拜访了正在上海演出的名伶黄桂秋、程砚秋,观察他们的
穿戴、举止、说话等细节,又观察了流落街头的乞丐。

1942 年石挥(左)与梅兰
芳在演出《秋海棠》后合影

1942 年 12 月 23 日《秋海
棠》彩排,梅兰芳也应邀来指导。
当石挥一出台看到梅兰芳在台
下第一排时,一阵紧张,唱得很
糟,彩排草草结束。此后又经过
一个时期的准备才正式上演,演
出盛况是空前的。票价虽高达
12 元,但购者很踊跃。石挥把秋
海棠的一生,从红极一时到最后
潦倒凄凉的晚年演得逼真传神,
观众看后泪流满面。当他用本嗓
唱完:"酒逢知己千杯少,话不投
机半句多"时,台下观众呜呜哭声已响成一片。一次当石挥
念完这两句台词时,只听到台下一声清脆的喝彩声:"好!"
这人不是别人,正是誉满南北的名武生李万春。戏一散场,
李万春就来到后台,紧握着石挥的手说:"您那两句词儿念
得太好了,比我们都好!"此后,可以说每场演出都是盛况

不减,有一次石挥谢幕达12次之多。《秋海棠》演出持续了半年多,欲罢不能。最后,苦干剧团提出要修整才休止。《秋海棠》原作者秦瘦鸥先生曾撰文写道:"在第四和第五幕中,舞台只有英子、石挥、沈敏三个人,迫使千万观众在舞台前面掉下眼泪来。"

继《秋海棠》之后,苦干又推出了大闹剧《梁上君子》,也轰动了上海。在这个戏中,石挥扮演了一位靠小偷招揽生意的大律师, 观众笑声始终不断。当时也是盛况空前,上海的巴黎剧院所在的霞飞路电车站竟被人称为《梁上君子》站。车到站时,售票员幽默地喊:"梁上君子统统下车!"

《林冲》的演出又是一大成功。石挥演的林冲是古装话剧,不是京剧。他学了两套对打的套路,表现了英雄的形象。京剧名演员李少春曾看过几遍演出,倍加赞赏,并和石挥交上朋友,李少春后来改编的《野猪林》就参考了《林冲》的剧本。

《夜店》是石挥另一个有特色的戏。这是根据高尔基《在底层》原著改编的,石挥饰剧中的"金不换",一位破落的少爷。这个戏也被上海人传颂一时。

《金小玉》一剧也曾获得好评,石挥在戏中扮演一个光头的军阀,非常传神。在对丹尼饰的金小玉逼供的一场戏中,一个恫吓,一个反斥,连珠炮般的对白一句接一句,使观众透不过气来,非常精彩。

《雷雨》中石挥饰演鲁贵。那年冬天上海很冷,第三场中鲁贵在家乘凉，石挥却穿着单背心，手拿大芭蕉扇猛扇，引起全场赞笑。石挥在台上只是角色，从不顾及自己。

从各方评论看，石挥话剧表演的最大特点，是他有创造人物的特殊才能。他戏路很广，无论是好、坏、美、丑、老、少，他都能根据自己的生活体验，加上独到的想象，恰如其分地创造出艺术形象，把他们惟妙惟肖地展现在舞台上，所以他的演出能以强烈的艺术感染力吸引观众。他能深刻地把人物的灵魂揭示出来，恰如其分地表现给观众，所以戏剧大师黄佐临称赞石挥是"稀有的表演艺术家"。

苦干剧团在黄佐临等人的领导下，培养了大批中国优秀话剧演员，石挥只是其中的一个。更值得称赞的是苦干剧团的几位负责人，他们严格遵守进步话剧运动的现实主义创作方法，在实践中取得很大成功。苦干剧团在公演几年后，把一部分财政盈余用做助学金，为社会公益做出了贡献。苦干剧团的人也说："戏剧工作者的生命在舞台上，舞台上的活动是最真诚的坦白。"苦干剧团在上海巴黎、拉斐两大剧院共演出了 22 个大戏、5 个独幕剧，成绩斐然。但到 1943 年抗战进入艰苦阶段时，上海话剧界面临日寇及汉奸统治的凶恶环境，困难重重，苦干剧团只好以歇夏为由暂时停演。到 1943 年上海租界沦陷于日伪政权控制后，苦干剧团很难再开展工作了。1945 年，虽然抗战胜利了，但国民党政权统治下演出受到严厉限制，苦干剧团终于解散了。但它的精神永久留在了上海观众的心里。石挥从此也结束了话剧舞台生涯，而转入了电影界。

3.进入文华电影公司

1946 年，石挥与吴性裁领导的文华电影公司签了合同，从此步入电影界。事实上，文华的主要人员仍是原苦干剧团的班底。黄佐临与桑弧是文华艺术委员会的负责人，他们决定拍的第一个戏是《假凤虚凰》，这是一部由桑弧编剧、黄佐临导演的讽刺喜剧片。桑弧感到世间充满虚伪、尔虞我诈，便以喜剧方式编写了以理发业为题材的剧本。石挥饰三号理发师杨小毛，而著名女演员李丽华饰范小华，剧中二人互相欺骗，都想利用对方发财，笑料百出。黄佐临充分发挥了他的英国式幽默导演艺术风格，很引人入胜。但电影拍完在内部试演后却引起上海理发业的抗议，随后全国理发工人都反对上演。后来经调解，删去部分镜头，才得以演出，并受到全国观众的欢迎。这一风波反而起到了宣传作用，影片上座率直线上升，影片公司也名利兼收。

石挥在自己成名之后始终没有忘记深爱的母亲，为了感谢慈母的养育，歌颂天下母爱的伟大，于 1949 年自编自导了电影《母亲》。剧中特邀秦怡饰母亲，杜骊珠演交际花，沈杨饰老仆人老周，护士由童葆苓饰。开拍之日，公司的同事特为他这一处女作放了一挂鞭炮，随着一声"开麦拉"的喊声便开始工作。他日夜奔忙，疲劳不堪，《母亲》终于上演了，取得了良好的社会效果。上海医学院的学生自治会还特借去拷贝在校内演出。是的，石挥于 1940 年从一个失落的青年，经过 9 年的努力年后竟成为电影导演，可谓神奇。

　　《母亲》的成功鼓舞了石挥做电影导演的信心，为他以后的事业打下了基础。《母亲》拍完后，石挥又投入桑弧编导的《哀乐中年》，他饰一个小学校长。同台演出的还有朱嘉琛、沈杨、韩非等老友。这个戏被誉是与《母亲》成对的"父亲"。此外，石挥还参加了《腐蚀》《太太万岁》《夜店》《艳阳天》《太平春》《姐姐妹妹站起来》等影片的演出，也产生了很大影响。

　　《我这一辈子》是石挥的电影代表作，于1950年春节公演，是当年最受观众欢迎的作品。剧本取自老舍的同名原著，由杨柳青（石开）编剧，石挥自导自演，这也是文华电影公司改组后的第一个作品。电影的外景大部分取自北京宣武门外达智桥。石挥以认真而严肃的态度全力投入到创作中，每天工作十几个小时，时刻处在兴奋紧张中。为了找到旧社会的警察服装，他跑遍旧衣店，到文物局查图片，才找人做成。他演到"我"的晚年沦为乞丐时，为了找到乞丐的衣服，竟花了400元买了一件皮袄，与一位乞丐交换破棉袄，把这件换来的破棉袄用DDT消了毒，又用蒸气蒸，以消灭虱子，然后穿在身上。为了使影片逼真，他采用实景拍摄，在天安门前大街上，他穿着乞丐的破棉袄追一辆正拉着客人的三轮车讨钱，乘客并不知是在拍电影，连呼："走开！走开！"这让摄影师拍个正着。石挥和他的摄影组在北京用十几天拍了几十个实景，使影片增添了光彩。《我这一辈子》上映后轰动了全国，上海电影界于1950年2月13日举办了座谈会，出席的著名导演和编剧如瞿白音、应

192

云卫、张骏祥、吴永刚等,都充分肯定了石挥的导和演的成就。但也有人认为,影片中的"我"不应当过早死去,而应当活着看到北平解放。石挥原来也想过"我"应

石挥(中间站立者)在电影《我这一辈子》中的剧照

当活着看到解放,但因私营公司苦于无力支付千百个群众演员穿着解放军军装进入北京城场面的费用,因此而作罢。没想到这后来成为批判他的一个罪名。

《关连长》是继《我这一辈子》后石挥又导演的一部影片,这是歌颂解放军为了不伤及孩子的生命而不用枪炮战胜敌人的故事。按道理讲,这是一个实实在在的革命人道主义的故事,但却遭到批评,认为是在"歌颂资产阶级人性论"。此后,等待石挥的是一条布满荆棘、坎坷的路。

4.在上海电影制片厂

1952年,上海的8家私营电影制片厂合并成为国营联合制片厂,即上海电影制片厂,石挥也从此结束了在文华电影公司的工作而进入上海电影制片厂。在上影,石挥

首次导演的电影是张俊祥根据华山小说改编的儿童片《鸡毛信》，副导演是谢晋和东方。影片赶在当年六一儿童节前完成，获得当年文化部的三等奖，并参加了英国第九届爱丁堡国际电影节，获得"优胜影片奖"。

戏曲片《天仙配》是桑弧根据黄梅戏改编的，石挥费了很大工夫熟悉黄梅戏的曲调，与演员严凤英、王少舫合作，保留了黄梅戏的特点。在七仙女下凡、苦别等场，影片运用电影艺术特技，效果比舞台演出更生动，受到观众好评，石挥、严凤英、王少舫等都接到很多来自普通群众的贺信，影片获得当年文化部"优秀舞台艺术片"二等奖。影片《天仙配》的上演，在全国掀起了黄梅戏热，使这个小剧种一下子成为全国家喻户晓的热门剧种。好与坏、正与反往往是一对孪生兄弟，谁也离不开谁，有人说好时，必然也会有人认为不好。《天仙配》在赢得观众好评的同时，也有人说这部影片宣扬了"阶级调和论""不反抗主义"。"左"的思潮最终使得这两位演员葬身于政治运动之中。

1952—1955年，石挥出演电影的机会少了。虽然他在郑君里导演的《宋景诗》中饰演仅有6%镜头的配角僧格林沁，但他仍很用心把握角色。苏联电影专家茹拉夫略夫看后说："我在影片中只看到一个人，就是僧格林沁的饰演者石挥。"

这个时期，东欧各国电影体制改革之风也吹到中国，上影也号召可以自由结合方式组成创作集体。因此，出现了"五花社""五老社"等。石挥等人组织了"五花社"，1957

年,石挥在徐昌霖导演的《情长谊深》影片中饰演一位老工人。同年,他导演了他最后一部电影,即《夜海雾航》。这部影片叙述的是民主三号轮船自上海开往宁波时因触礁遇险,解放军前往抢救成功的事。为拍好这部影片,石挥不分昼夜地努力工作着。但此时反右派运动开始了,电影开拍不久就传来了吴永刚、吴茵、白沉等上影演员被划为右派的消息。在《夜海雾航》剪辑完成后的第二天,石挥也接到让他去上影厂交代问题的通知, 这是他万万没有想到的。他正在讴歌解放军,讴歌社会主义,而等待他的却是反党反社会主义的帽子。《夜海雾航》也因此成了一个尚未出世就遭到白眼儿的胎儿。

四、最后的旅途

1.绝望的抉择

1957 年 11 月,上影召开了批判石挥的大会,批判他的反革命、反社会主义的言行,说《夜海雾航》为什么是雾航? 这是诬蔑党的干部,诬蔑正在胜利前进的社会主义等等。连续两天的会议和铺天盖地的指责批判,使石挥感到莫名其妙,让他无法理解周围所发生的一切。会议结束时还宣布几天后再继续进行。

石挥回到家中头脑一片空白，沉默不语，不断地吸烟。他凭借自己的毅力和奋斗挣脱了早年生活的困苦，凭着自己的努力和才智创造了艺术，为社会和人类贡献了自我，然而这个使他如此投入的世界现在却要抛弃他。这使他的内心受到了深深的伤害，面对这样一种无法解脱的现实，迫使他做出了最后的选择。他吻别了妻子之后，叫了一辆三轮车，径赴十六铺码头，登上他熟悉的、开往宁波的、曾参拍《夜海雾航》的民主三号轮船，在寂静的深夜中，轮船在大海中划开一道道白浪次日清晨轮船里已经见不到石挥的身影了。

这时，上影会议室内开会的时间已过，仍不见石挥到来。主持会议的人宣布照常开会，缺席批判。上海的报纸按会议的发言登出批判文章，并将石挥定为右派分子，他是当年唯一一个死后被"追认"为右派分子的。上影公司多了一个右派，却少了一位才华出众的导演。在石挥死后三个月，《夜海雾航》改名《夜航》而公映了。

1958年春，在上海吴淞口外南汇区二灶洪地区，一位农民发现了一具男尸漂浮在海面上。他们不知死者是何人，便就地掩埋了。正在寻找失踪的右派分子的上海公安局得知后前来验尸，男尸的肌肤已经腐烂，只看到牙床有一颗修补过的牙齿，还有一支派克金笔及一块手表。上海华东医院对照石挥曾补过牙的 X 光片，最终确认这具尸体就是石挥。年仅 42 岁的石挥就这样离开了这个世界，人们不再批判他了,上影、全上海以及整个中国文艺界都缄默了。他累了一生,就这样告别了我们,含冤离开了这个世界。他不再受苦了,不再当车童了,不再当牙医的学徒了,不再为生活忧虑了,更不用再演电影了。使他唯一欣慰的是,再也听不到批斗的声音了。更幸运的是他没有遭遇到后来的"文化大革命"。他的心灵终于平静下来了,但唯有他的家人们心绪始终不能平静。

2.平反昭雪

22年后,即1979年3月2日,上海电影制片厂宣布,石挥等14位被定为右派的同志全部是错划,给予平反。在迟来的追悼会上,没有石挥的尸骨,更没有一块墓碑,唯有一个名字:石挥,原名石毓涛。

1982年,《电影艺术》杂志上连续两期以专栏形式刊载了《石挥和他的表演艺术》专题文章,史原、徐昌霖、莫愁、叶明、白文、吴讱之、胡导等人对石挥的表演艺术、戏德、工作态度等做了深入的分析和讨论。著名电影导演徐昌霖对石挥在表演艺术上的认真态度感受很深,他认为:"石挥对待角色是在不断创造、丰富。所以,他的表演是充满激情的,每个戏都有他的华丽章节,而且充满了中国气派,不是从外国搬来的。现在的演员过多重视生活,而否定了表演,这是表演水平一般的原因。"许多人都对石挥的戏德给以称赞,莫愁说:"很多人都说石挥对同台的人都给以帮助照顾,很讲舞台道德。他对别的演员很尊重,扶掖后进,不抢着当主角,在很多戏中愿当配角。"叶明回忆,在1943 年日军占领上海租界后,汪伪政权要集中一些演员演出《家》以示"庆祝",石挥事前得到了消息,就悄悄离开上海,躲过了这次演出。这虽然是一件小事,但表现出石挥的民族气节,这对当时生活并不富裕的他而言,也是不容易的。他又说,石挥导演《我这一辈子》时,文华电影公司的经费很困难,这个片子的成功与否牵连着所有职工的生活。石挥只带着摄影与美工仁人到北京拍外景,吃尽苦头,但影片获得了成功。

1987 年,石挥逝世 30 周年之际,海内外报刊发表了很多纪念文章。香港、上海、北京等地的电影界还特别召开了有关石挥表演艺术的研讨会,中国电影出版社还出版了专刊。难能可贵的是,香港电影界人士在事隔 30 年后仍怀念这位电影表演艺术家,报纸还以通栏标题和整版篇幅详尽地介绍了石挥在话剧、电影表演、导演方面的艺术成就。自 20 世纪 50 年代以来,香港电影界组织全国电影家的专题艺术座谈会中,享此殊荣的仅有二人,一是《武训传》的导演孙瑜,另一位则是石挥了。

1990 年,上海三联出版社出版了余之写的《梦幻人生》,这是一本记述石挥一生的传记小说,书中比较全面地介绍了石挥的情况。

1995 年,中国广电部、中国电影家协会等主办单位评出了中国电影世纪奖,石挥被评为 15 名男演员获奖者之一。值得欣慰的是,他的已故老同学蓝马也名列其中。

3.结束语

石挥离开我们已有六十多个年头了,我时常回忆起我们童年的往事和共同度过的时光,以及在困境中相互给予的友爱。石挥的一生短暂而又充实,充满了坎坷也享受了成功的喜悦。他通过表演给我们带来了对艺术的享受和对人类的热爱,然而他却没能得到应有的回报便含冤匆匆离去。今天,他所生活过的世界又重新真

2004 年 9 月 19 日,石毓澍(左)将石挥生前穿过的大衣捐赠给杨柳青石家大院石挥纪念室

实地认识了他,他那在天之灵终于能够得到解脱了。也许石挥曾为话剧《日出》里写过的一段话就是他最后想要说的话:太阳已经升起来了,黑暗留在后边。但是太阳不是我们的,我们要睡了。

石毓涛(石挥)之墓(1915—1957)。一九一五年农历三月二日生于天津杨柳青镇,后随父去北京求学。青年时期生活坎坷,20世纪40年代初开始话剧生涯,参加过中国旅行剧团、上海剧艺社、苦干剧团,誉有话剧皇帝之称。40年代中期步入影坛,在上海影片公司先后参加过卅余部影片的演出,并导演了如《我这一辈子》等多部著名影片。1957年被错划为右派,投江自尽,享年42岁。1979年3月2日得到平反,1995年被评为中国世纪最佳男演员之一。

附录一

他人眼中的石老

我写石老

王寒松

写石老,挺难的,尤其在我。论来我是石老孙辈,石老对我的关心与教诲,让我受用不完,在心底里,我对石老有尊重,有景仰,有感激,也有亲情,这就是我"热衷"之所在。但真正要我写篇短文,却觉得非常难了,难在他的深厚与我的相形之下的浅薄,难在他曾阅尽沧桑与我对那个时代甚或是这个时代理解的浅近。一支细笔,写出风云变幻、波谲云诡中的泼墨人生,何其难也。难则难矣,我当勉为其难,原因在后文中。

写一人,先勾画其轮廓。我看石老,乃一智者、仁者、长者、寿者。

先说智者石老。中国人大概是世界上最讲智慧的,从宇宙人生之大智慧,到临物处事之机敏,留下无数故事:有吴越范蠡之智,功成而退、全身保节;有魏晋名士之智,以放浪形骸、举止怪僻,换来精神之自由独立;有孔孟、佛道、兵家、名家……各有其智,不一而足。石老之智,我以为是得此真传,而又不拘其形式。为何这样说,石老有一回忆录手稿，至今秘不示人。我有幸一读，掩卷之后，感喟良多。石老于抗战初期以一介书生身份赴法攻医学，8年后学成本事归国并赴天津接收医院，其后随国内政治气候变化而起起浮浮，却始终驭风驾云，业务不断提升，也遂愿地建立了天津市心脏病学研究室，奠定了天津市心脏病学科的基础，其间还有四年时间在解放军医院为领导同志保健治疗。60年间风狂雨骤，多少人沉沦，多少人只留下感慨，石老却始终因时因势，不废时光，学问有成，事业有成。我曾陪同石老前往天津市泰达心血管医院，眼见晚辈见其躬身行礼、极尽恭敬；也曾听院士吴咸中老当面言：石老于我们是亦师亦友。此二例足见石老在同辈在晚辈心中之地位。若无大智慧，无法坚守，无法坚持，以至有今天这样的成就和地位。石老之智还在于对学术发展和后人进步的关切上，即使在离开工作一线后，他也时时关注心脏病学的发展，承认自己的局限，对后起者他更是关怀有加、信任有加。2002年后他几次回国，因我先后在天津医科大学党委书记和市卫生局党委书记任上，他每次都与我认真谈起医大二院心脏病学科几位年轻人的情况，在认真思量后提出了他们几位的安排建议。若无大智慧，人无法在创造一个高峰后坦承自己的局限，也无法对后人有真心的信任和扶持。

再说仁者石老。大智者必有大仁，因为智与仁都源于同样的基础，就是人要有大胸怀，没有大的胸怀，人的智慧一定是受局限的；没有大胸怀，人之仁心也一定非大仁、非君子之仁。何谓仁,古人云仁者爱人。大医者仁心,说的正是这个道理。石老为人从医都是严肃的,在别人看来甚或是严厉的。初与石老相交往,我就感觉石老的目光是独特的,经常会闪过一丝严厉,我当时即在想,石老的身边一定会有许多人是怕他的。然而真正了解了石老之后,则会被他的仁心所打动。石老之仁,集中体现在他爱医学、爱病人、爱后学上。他选择医学时,还是有很多偶然因素的,然而一旦选择便矢志不渝,没有对医学的深刻的爱,他不可能有那样高超的造诣和成就。石老爱医学与爱病人是融为一体的。他的严厉,往往体现于对病人不允许有半点儿的马虎,对业务不允许有半点儿的懈怠。石老带出了几代学生,他们大多成为业务中坚,这是石老于国家、于医学事业的又一大贡献。他的每一个学生都能讲出石老对自己言传身教、关心有加的故事。近年来石老每次回国,除去参加一些学术和公务活动外,也总要就心脏学科梯队的建设、特别是对几个年轻人的安排进行讨论和交代。2002 年在天津,他便与我专门谈了王林、李广平、丛洪良几人的优长之处,及几人在一种什么样的结构中能够更好地发挥作用。耄耋之年、远在异乡,察人视事如此透辟,思考如此精到缜密,没有一种真爱大爱在其中是无法做到的。

三说长者石老。石老学问之丰富精深、人生之生动曲折,是两本后辈读不完、解不透的书。见石老前,我对老人的家世、经历、成就略知一二。出身石家大院,亲人中有石挥、于是之……(我本科是学文学的),早年留法,回国后建立天津的心脏学科,曾任中华全国医学会副会长、天津市医学会第二任会长(首任为朱宪彝校长)……这么多光环,神秘而眩目。见了石老,与老人家攀谈起来,心情和感觉是可想而知的,可是石老却很少主动谈起他自己。我举一例,石老在法国留学与工作, 是 1937 年 8 月至 1945 年 8 月,这 8 年不仅奠定了他医学成就的时光,也几乎是第二次世界大战的全部。法国也是二战重要参战国和战胜国之一,这 8 年在那里会有多少惊心动魄的经历可想而知。然而老人却很少讲起,只在一次与几个年轻人聊天时说起了在防空洞里用雪茄与法国人换面包的故事。这时我已隐约感觉到一种东西,一位有成就的长者,过去的经历都一道一道又深又细地刻在年轮中了。一棵参天大树,不再从细密的年轮中细数过去的一切。他们但凡都会有许多的悲悲喜喜,都会有刻骨铭心的事情。李叔同先生最后留给人间的是四个字"悲欣交集"。这是一位学贯中西、才高八斗的大家临终时对自己的结语,是丰富、是简单,是深刻、是浅显,介于许多感觉之间,又模糊了各种感觉的边界,可是有谁不为之震撼呢!我说我当时对石老的一种隐约的感觉有类于此。

后来一件事着实让我震撼了。2004 年 9 月 19 日,石老为母亲和石挥迁坟合葬。以石家、石挥和石老本人的名气,本可举行一场有规模的仪式的,但石老仍以低调处之,只邀了亲友十数人,我有幸在其列。在墓地,我看到了老太夫人的墓碑,又看到一侧有石挥的墓碑,而另一侧却留一空穴。我不解,悄声问,石惟明告我这是石老给自己留的。

我们悄声说此事时,石老就在旁边,还不时看看我们,脸上只有平静和偶尔的微笑。如此笑看生死,非平常人所能做到,这是所有知此事之人的看法。事后我看到石老一篇散文《迁坟记》,记述了这一故事。文章结尾竟然是这样一段令人动容的文字:"当我撰写母亲的碑文时,我深深感到我与死去的姐姐、哥哥、弟弟、妹妹又重新聚在母亲的周围了,不管是什么时候离开这个世界,最终要重逢的。他们都走了,我单独活在这个世界反而感到孤独,他们能知道吗?"论及生死,他的平静与情感涌动都是真实的,只有这两个侧面的兼具,才构成了"长者"的内涵。

最后说寿者石老。明年即是石老九十寿诞,如此年龄,石老依然精神矍铄、思维敏捷、全无老态。这正应了那句话,仁者寿、智者寿。石老进于当进、止于当止,自如地驾驭人生、顺应时势。时下人们总结了许多长寿秘诀,但在我看来,石老身上所体现的是最普通、最根本的长寿之道。此道并非所有人做得到,因为他看清的、说清的、想清的正是于世上纷扰着许多人的事情。此道也不只是长寿之道,做人、成事乃至人生之三不朽,都离不开此道。

文章开篇说,写石老难,但我当勉为其难。文章写得不好,但表达的情感是真实的。本书出版有一目的,向石老百岁献礼,我亦以此拙文,为先生寿。

(作者系大连理工大学党委书记,写于 2007 年)

石老让我记忆犹新的几件事

张　愈

　　石毓澍老是我国知名的内科专家,多年来他以精湛的医术拯救了无数苍生,以他广博的学识培养了众多学子高徒,在天津医务界称得起德高望重。我在大学读书时就已知他的大名,第一次接触石老是在 20 世纪 70 年代,当时我在天津医院外科做住院医师。记得我的一个准备做手术的男病人,在术前查体时得知他平时有心前区不适的症状,听诊时可闻心前区偶有杂音,当时医院的检查设备很简陋,只有 X 线检查和心电图。请本院内科做了会诊,但是诊断还是不明确。我的老师付宗训主任让我去找石老会诊。和石老约好后,我带着病人到了天津医学院第二附属医院,这是我和他的初次见面。我看到的是一位非常慈祥的老主任,和蔼可亲,没有一点儿大专家的架子。他耐心地听我介绍了病人的病情,又听病人叙述了病史,认真看了带去的胸片、心电图,然后非常仔细地检查病人,特别是认真地听诊。我们站在石老的身后,静静地不敢出一点儿声响。他听诊过后转身说:"张大夫,你来听听。"我按石老指示的部位听到病人的心音有些尖锐的声音,但说不清这标志着什么问题。石老说,这种特殊的杂音叫作"海鸥鸣",标志这个患者存在"游离腱索",是心脏的先天性结构异常,并讲了这种情况给病人带来的影响……给我上了一堂课。石主任扎实的基本功、渊博的知识和缜密细致的临床思维令我折服,感到受益匪浅。这第一次接触给我留下了非常深刻的印象。

20 世纪 90 年代初,我担任天津市卫生局局长,分管医政和人事工作。在当时的卫生管理体制下,全市的医疗机构隶属关系分为市卫生局直属单位、教委隶属的各大学附属医疗单位、各区县隶属的医疗机构和各大局及部队隶属的医疗单位等,在人员队伍的管理上是各自为政的。在这种体制下,确实存在因部门利益不统一、不协调的问题。而在我工作的这段时间里,石老的全局观念和对全市医疗卫生工作的关心与支持,给我留下了非常深刻的印象。最使我感触深刻的有两件事:第一件事,"文革"结束后,法国恢复了与中国联合培养医学人才的项目,由于石老曾留学法国,因此法国方面委托石老负责选拔天津符合条件的医生前往法国进修学习。这么难得的机会,各个单位都是翘首期盼,石老作为医大的教授如从本位考虑,完全可以只在医大系统内选送学员,但石老站在全局的高度,对来自各隶属不同部门的医生一视同仁,从全市的医生队伍中选送合格人才,结果市卫生局所属单位的两位医生被选送到法国接受了专业培训学习。另一件事是大约在1994—1995

年,一天,石老打电话和我谈对他带的研究生李忠诚大夫的去向安排问题。他说,我培养的研究生是面向全市的,我不愿意他们都留在我的身边,希望他们学成后到全市各个需要的岗位上去发挥作用并发展自己,更好地为广大患者服务。他希望我能在市卫生局直属医院为李忠诚安排合适的工作。他的这一番话令我非常感动,让我再一次感受到石老的博大胸怀,感受到他对医疗卫生事业发展的远大眼

光。李忠诚大夫被安排在天和医院,发挥了他的专长,他的到来使天和医院的心内科成为医院的特色专科,为广大心脏病患者的诊治发挥了很大的作用。

2004年9月26日,石毓澍(右)与卫生局局长张愈合影

20世纪90年代后期,石老离开天津的医疗岗位,但他仍无时无刻地心系天津,关注着天津医疗卫生事业的发展,每次回津都要参加天津心内科学界的各种学术活动,交流国外医学新进展的动态,指导天津心内科的发展,并出版了他的心内科新专著,为天津市心内科专业的水平提高和发展继续发挥着重要作用。他每次回津都关注着天津在深化医疗卫生体制改革中的动态

和我市卫生事业发展的情况。我几次和石老见面，都感受到他的热情和关心，这让我们感到石老虽不在我们身边，但还在天津卫生事业的改革和发展而奋斗的队伍中。

（作者系天津市原卫生局局长）

一位智慧洒脱的老人

杨桂华

我是 2003 年年底到天津医科大学工作的，在了解学校历史和著名专家的过程中，知道了杰出的心脏病学专家石毓澍先生。后来吴咸中院士给我介绍石先生的事迹和贡献时，说他是一位把人的事都看透并且处事洒脱的长者。2004 年春，石先生回国，我们相识。以后石老每年回国时我都与石老先生深谈，受益频多。在很短的交往中，真切地感受到了吴院士对他的评价，他确实是一位智慧洒脱的长者。一谈到智慧老人，很多人还会想到阅尽沧桑、经验丰富。我感到石老的智慧不仅如此，甚至主要不在于此，而是在与他作为一名全国著名的心脏病学专家深刻地了解知识的时代性，深知自身的局限性，决不讳言自己不知的领域,表现了一位科学家博大的胸怀和坦荡。他在天津医科大学第二医院心脏病学研究所召开的海河之滨全国心脏病学进展学术会议上曾有一段非常精深的讲话,他说:"时代在发展,疾病也在变化,过去的一些常见病,今天已经很少见到了,而现在常见的,我们这些老大夫又知之甚少了,希望寄托在年轻的大夫身上。"他在私下里也讲过类似的话,但是,他对新成果并非无知,而是时刻关注着心脏病学的最新成果。他曾经给我讲过现代心脏病治疗的最新方向、干细胞移植和心脏局部冷冻进行血管缝合等。由石老所说的这些情况,我想到古希腊哲学家苏格拉底的名言:智慧就在于知道自己不知道。就是说,一个人知道知识的边界,就是一种智慧。

石老的智慧还表现在对人的理解上。记得我们初识时,请他介绍心脏病学的年轻专家,他如数家珍,包括他每一位的年轻学生,优点、缺点、特长、发展潜力等,非常客观地一一分析,其中让我感触特别深的是,他对每个人的心思都了解得十分精准。有一次,他谈起某人的未来,在另一场合有几个人一起谈话时,同一个话题却有了微小的差别,转天我去拜访石老,请教这两次谈话的差异,他哈哈大笑,说我心细如发。由此我也深深地感受到他对人心理的理解,他既要客观地告诉我真实的信息,又不愿伤害到别人的感情,真是为难了这位老先生,从中我也感受到他做人、为师的智慧。

大家都知道石老非常喜欢足球、热爱体育。我曾经是专业运动员,爱好很多运动项目。每每谈到体育这个话题,石老就兴致颇高,常常妙语连珠。记得有一次谈到足球与管理,石老说,当领导就像当教练,要把最合适的队员放在最合适的位置,才能最大限度地发挥队员的才能;同时,制定出适宜的战略,把整体的效能发挥到极致。我当时说:庄子讲,齐万物,一生死,万物一理,这是有道理的。一个人的智慧不仅在于对同一领域了解的深广程度,而且更重要的表现在对不同事物共同点的认识上, 正如黑格尔所讲的:在异中求同,在同中求异。大家知道,石老是民主党派成员,但曾做过三个医院的院长,所以深谙用人之道。石老对人的评价,让我体会到,一个党委书记的成熟程度最终要体现在对人的理解上,为此,才能知人善任、用人所长。

　　如果说一个人在求学、学医、管理上的成就就是生的智慧的话,那么在如何对待生命的终结方面表现的是对待死的智慧。有学生曾问孔子,如何看待死,孔子说:"未知生,焉知死?"这是一种生死观。近代的存在主义则主张, 只有理解死才能深刻地了解生,主张向死而生。这是另一种生死观。在杨柳青故居, 石老为自

2007 年, 天津医科大学党委书记杨桂华陪同石毓澍(右)参观学校

己买了墓地,刻了石碑,确定了为自己料理后事的负责人,静静地写着回忆录,在做这一切的时候,表现得很平静,仿佛是在安排别人的事。一次,当石老离津回澳正在去北京的路上,我与石老通电话为老先生送行。我说,石老谈笑生死是人生的最高境界。当我这样说的时候,与其说是敬佩老人家,不如说是表达了我见贤思齐而未竟的心情。现在想起当时的情境,依然感慨。这确实是一个人很难达到的境界。当我面对这样洒脱的智者时,不由得想起一句古诗:落木千山天远大,澄江一道月分明。

适逢石老百岁华诞,写下一段文字,记述我从石老身上学到的东西,绝不是评价石老,因为我作为晚生后辈,不敢撰文评说贤人智者,只是想表达自己的一种人生态度,这种态度是石老以自己的一生、以举手投足的洒脱教给我的。同时,也表达了一种愿望,渴望石老能常回来,多聊聊,那种纵论天下、笑谈人生、心有灵犀的相视一笑绝不是伊妹儿和书信能够替代的。石老的睿智洒脱,让我们的交往省去了繁文缛节,没有了客套虚礼,是一见钟情的同志,像阔别多年的老友,更似共同探索的师生,敞开心灵,无所避讳。有酒至酣处的浑然,又有茶香澄明的清醒,都想对多维的社会和复杂的人性给出一个简洁的答案,努力求出人生方程的简单理解。不论结果如何,我们享受了彼此的经验和思想,享受了快乐。

石老呀,我也向您学习,幽默一把,跟您击掌相约:一定要健康长寿,做生命的长谈!

（作者曾任天津日报社党委书记、社长，天津市人大常
委会代表资格审查委员会委员）

平凡中见高尚——忆石老二三事

艾克林

石老九十华诞时，编委们征集石老的老同事、学生写些回忆，以为纪念，并找到我。为此打开了我 20 年来的思绪，我没有像石老学生那样幸运，能跟随石老学习；但又有幸，接触过石老……

1979 年年底，我从下放的广西调回天津，在天津市卫生局科研处工作。1980 年春，市卫生局科研处组织在大理道干部疗养院会议室召开专家座谈会。将开会时，见石老未到，科研处处长的汤沫华要我到楼下去接，他说："石主任不来不行。这个地方可能不好找，你去接。"我奉命到院门外，无人，便沿街走去寻找。

"石毓澍"这个名字我早就熟知，广西的医务人员也知道他，说这是心内科大专家。在天津下放的人员中，关于石主任的传奇故事就多了：说他穿上了军装，是中央保护的

"国宝";传说他给外国元首看病,等等。但我从未见过石主任,很想见见这位国内知名的大专家。

这时迎面一位老人快速走来,从年龄上,我估计是石主任,便迎上前去问:"您是石主任吗?我是市卫生局科研处的,来接您。"他看看我,笑着说:"我是,快走,别让别人等。"我礼貌地去搀扶石主任,他说:"我能行。""您怎么走来的?"我出于尊敬和爱,关心而不解地问,"坐了一截公共汽车,下车走来。走走好啊,我不愿坐小车。"仅这一句话,使我不由得尊敬面前这位国内知名的大专家——多么简朴!进入疗养院大门,石主任问:"你叫什么?""我叫艾克林。""啊,这个姓好记。就叫你小艾吧。"从此,石老就叫我小艾。直到25年后,石老到儿童医院参观时他仍一眼认出了我,还是那么亲切地叫我"小艾"。其实,我也两鬓斑白了,但在石老面前,我自然是小字辈。"小艾"一称让我感到长辈对后生的关心,感到大专家平易近人的品格。

我把石主任接到会议室,会议开始,各位专家讨论,汤处长请石主任发言。石老讲话直奔主题,他说:"科研意义不必多言。我们要明确方向,弄清该干什么?这几年努力能干什么?"接着他提出了具体意见。弄清该干什么?能干什么?这是多么清晰的思路,这句话成了我以后工作中思考问题的钥匙。

以后,我调到市卫生局办公室,承办局领导交办的具体事项。1982年,市卫生局筹备成立专家咨询委员会,当时天津的知名医学专家被聘为专家咨询委员会成员,请石老做主任，就工作章程、开会等具体工作由我向石老汇报，听听他的意见，因此面见多了起来。一次，我带着材料，应约到石老家汇报。那时，他住在现天津旧医科大学斜对面的"小稻地"的"高知楼"。石老的住房并不宽敞（那时房屋传统的设计远非现在的格局），没有讲究的沙发、橱柜，高矮不同的桌子上堆放着书、材料，石老和夫人围在大桌子前，天很冷，开着取暖的石英灯，石老在看着书。我指指取暖灯，石老说："比生炉子好，随时可用。"我向石老汇报，请他看材料。石老说："具体的你去改。我的意思是减少礼仪性的东西，不说客套话。"他似乎怕我不解，望着我说："人的时间宝贵，别浪费在没用的地方，多拿时间办事，多好。"我把石老的这番话作为以后工作的座右铭，少说空话，力求实效。

大约在 1983 年，市卫生局领导联合二附院心内科优势和胸科医院心外科优势组成心血管研究所，请石老担任所长，每周抽出时间到胸科医院的研究所工作。成立仪式按照石老的意见十分简单。那天，石老不要汽车接，自己骑着自行车去的。此后，石老主持心研所工作至陈树

2010 年 7 月石毓澍（左）与艾克林合影

艾老：您好！

守离国已廿余年，也就是说我病已廿余年未来见了，听说您还未完全退休且继续领导工作，令人敬佩。

在台湾有时间也有机会阅读一些有关心脏病的文献资料，深感各国进步很快，而我国青年仍点读过去的老课本。有鉴于此我想用中学生编一本心脏病科普侯青年医生用。

由于使用外国著作的图表资料皆表示，很难得到作者许可上百张图表因插讯将费时数年，所以我想不正式出版，仅以内部印刷方式流给私人不需书号，不在书店出售，由卫生局自己印，用者以上工本费买印，你对间建同的。

收讲义约600余页。

以上想法，请您帮忙是否有意，再请转请局领导参阅。

专此，祝

新年快乐·健康长寿！

石毓澍（石笥舫志）上
2016-01-16
于滩河老庄

2016年，石毓澍致艾克林的信

勋主任接任。

石老给我的印象一直是待人谦虚、思维清晰，对我这样的后生慈祥关爱。但我看到了一次石老在生气。大概是1983年，我奉命向石老汇报工作，被约在中午到二附属医院他办公室谈。因为石老上午查房是不容干扰的，我要汇报的事急，于是在中午谈。我提前吃饭后来到石老办公室，见他还在吃饭，一个旧的铝饭盒，有半只烧鸡。石老边吃边听我汇报、交谈。突然，进来一位大概是护士长的人对石老说："他们不同意改回去，说这样方便。"石老把饭盒一推说："谁方便？是病人方便吗？告诉他们，就说我的意见，改回去！怎么就想自己，不想病人！"那位护士长答应着走了。我不清楚具体什么事，但从石老的话中感觉到石老生气的原因是为了病人。我赶忙为石老递上一杯热水，说："您吃饭吧。"石老把饭盒盖一扣，说："饱了，吃不下去了。你说，怎么一遇事就想自己，不想病人呢？医院是干什么的？别的事我都可以让，对病人有利的事我不能让。"石老一心为病人的高尚品德在这生气中、在这几句话中体现得多么充分。这对我是深刻的教育:医务工作者,必须处处想着病人。我想,石老之所以成为一位卓有成就的专家,一心为病人是他不竭的动力。他的学术成就中不仅凝结着他严谨的科学态度,克服困难的毅力,不断探索前进的创新精神,也凝聚着他对病人的爱,体现着他为病人解除病痛的决心。我想,石老就是这样把毕生精力献给了病人,献给了医学事业。这就是他受到人们敬佩、爱戴的原因。

我谨用真实的感受表达我对他的敬仰,对他的感谢,感谢长辈对后生的关爱、教诲!

向石老深深鞠躬,祝石老长寿!

(作者系天津市卫生计生委史志办公室主任,写于 2008 年)

难忘师生共事情

周金台

我于 1952 年来到天津医学院附属医院大内科报到。那时朱宪彝校长兼大内科主任,石毓澍任副主任。其后总医院成立院级心脏血管病协作组,李院长任组长,石毓澍与张天惠任副组长。石教授专攻心脏病学,善于引进新知识新技术,是创业创新的先驱,是我学习的楷模,我是他的学生与助手。我与石教授在总医院共事20年,后又在第二医院共事24年,回忆往事颇为愉快,更感谢恩师的培养。

我参加大内科工作,感觉最壮观的是朱宪彝教授的大查房。参加者有医护人员,最引人注目的是医院与医学院各有专长的一流专家教授均参加。每次查房,石毓澍教授等纷纷发言,堪称是学者风范,学术气氛浓厚,为国内一流专家云集交流场地,是大家学习的绝好机会。

石教授鉴于天津市总医院外科在张天惠教授带领下开展的先天性心脏病外科治疗工作,要求在术前应有明确的诊断。为此,他于1955年秋带领我们一起开展动物实验与探讨心导管术的诊断技术,包括测压及测血氧。由于那时还没有导管,他就用泌尿科给我们的分侧尿管当做心导管用,测压是用测脑脊液压力表测量平均压,而血氧测定是用一位老技师吹出来的玻璃器皿(Scholande氏管)。当时尽管有各种干扰和非议的困扰,但在石教授的带领下,经过几个月的艰苦实验,我们终于掌握了这项技术,于1956年4月为一位患先天性室间隔缺损患者在30毫安的X光机下,成功地做出了第一例心导管检查结果,心脏外科手术证实了我们诊断的正确。第一例导管诊断检查及外科手术的成功,大大地鼓舞了内、外科医师的工作热情,随后心导管术便成为心外科手术前的常规检查。

有一次,大内科总住院徐医师把一位严重低血钾伴昏迷病人转入我病房主治,在密切观察下输入氯化钾1克/小时,15小时后病人清醒,能配合医师口服氯化钾液(量大)和营养膳食,观察氮与电解质平衡120天,恢复正常,停钾观察4天,证明为失钾性肾病。经朱宪彝校长和石毓澍教授等查房,并邀请泌尿科马腾骧教授与病理生理教研组马教授等专家会诊,同意营养不良失钾性肾病的诊断。朱宪彝、石毓澍与泌尿科马腾骧等教授这例临床治疗和研究很高评价。这个病例在1964年广州举行的中华医学会

2005年6月27日,石毓澍(左)与周金台在心脏病研究所合影

内分泌代谢肾病学术会议上作了报告。

1961年,总医院专为石教授设立心脏病房(与朱校长同一病房)。他继续参与并指导进行先心病的术前诊断,同时,他主持参与并指导我进行充血性心力衰竭不同阶段(钠排泄与重吸收;恢复期)的水、电解质平衡研究,两篇论文发表在《中华医学杂志》上。之后,他又出题并指导我撰写《急性心内膜下心肌坏死》一文,发表在国内《中华内科

杂志》与 *CHIN MED J* 上，并把我作为第一作者。这就是石毓澍老师。

总医院于 1973 年 1 月 1 日建立 CCU 病房，同年在南京全国冠心病会议上作报告。1974 年 5 月 20 日开展首例心肌电极永久起搏手术，其后又研究成功了锂碘电池不锈钢全密封 VVI 起搏器与钢丝指引起搏电极，并于 1980 年举行了由我主持的全国性高级别的"心脏起搏器研制与应用"鉴定会。虽然当时石教授已调离总医院，但他不论身在北京或二院任职，对总医院心脏专业的发展仍给予高度关怀、鼓励和大力支持。作为他的学生、下级医师和曾经的助手，我对恩师教诲终生难忘，永怀感激之心。

石教授调任二院担任内科主任后，又成立了心脏病科与研究所。在此期间，石教授约定与我定期同骑自行车前往尖山路天津医学院二院上班，参加查房后便在石教授办公室休息。我们的话语不多，但是有共同的理想，一谈就是工作与心脏病学发展现状与前景。查房工作不仅是诊治疾病，又是教学相长，同时也是向病人学习的实践。我们师生骑车同行的往事给我留下了非常美好的回忆。石毓澍教授曾很认真地和我探讨过心脏病学学科发展的问题，他说："如果一名主任只重视自己喜欢的非介入工作，而对介入工作给予种种限制，这样的主任肯定不能跟上时代。这个学科只有继往开来，继承与发展，才能在国内成为一个领先或先进的心脏病学科。

1980 年，我受聘任二院心脏科副主任。1982 年，石教授给我撰写《心肺脑复苏术综述》的任务,我如期完成。这是一种心脏猝死的抢救技术,可以说是石教授的远见与贡献。1983年,他又命题让我撰写《心脏起搏器心律失常的临床经验》,完成后在杂志上发表。1989年,我患胆结石病出现黄疸发烧,做了大手术,老师知道后带营养品来看望我,我内心的感激之情难于言表。不久后,天津医学院院长助理来找我,希望我接任天津心脏病学研究所所长一职。对此,在我内心中深深地感谢石教授对我的器重与培养,但我也自知自己的能力,对石教授创建的这个伟大事业一定会竭尽全力而为之。

石教授很早就创建了天津市心血管病学会;其后又于1992年创建了天津市心电学会;继又于1995年创建了中华医学会天津市心电生理与心脏起搏学分会。在2006年新一届委员会成立后的第一次全市性心脏电生理与心脏起搏学会上(第十一次天津市心脏电生理与心脏起搏学会学术会议),石教授安排我作总结报告《天津市心脏起搏与电生理学33年历史回顾》。此前他还安排我作过《天津市心脏导管术50年历史回顾》报告。我所有的进步都与石教授的关怀培养是分不开的。石教授很早就让我准备好历年发表论著的目录,以备申报博士导师资格。我也曾按要求做了准备,但到可以申报时,国家却出台了关于年龄限制的政策。面对政策规定,我毫无情绪波动,坦然处之。我老伴儿催促我找石教授出策,我没有同意。因为我只有感谢石教授对我的培养和爱心,而绝不应为此事去干扰石老师。老伴儿很理解我的内心想法,也知道我绝不会因此而

"伤心落泪"。但是,我为了向石教授争取再代培一名博士生,曾亲自专程拜访石教授,亲笔给石教授写信,表明我一定会负起责任,加强补课,代为培养。

数十年中我与石教授共同参加了我国各个医学会学术会议与新学会成立筹备会议,其实这是他有意在培养我、提携我。对此我非常感激,而且从中学到很多有益的东西。

1979 年,由吴英恺院士与傅世英教授主持的中华心血管病学会心脏病学高级讲学班在哈尔滨举办,石教授和我同时被邀请参加讲学,并同住在一个房间。在这次讲学班上,我们师生二人分别就当时国内领先的课题"反复心律与反复性心动过速"和"心脏起搏器研制与临床应用"作了报告。时隔三十年之后,于 2010 年我再次有机会在天津海河之滨心脏病学术会议上与傅世英和孙瑞龙教授相聚,颇感欣慰。

1980 年,我们共同参加中华内科学会心血管病组专题学术会议,石教授安排我作报告:《锂电池心脏起搏器的动物实验与临床应用》。

1983 年,我们共同参加中华心血管病学会学术会议,由石教授提名学会选举通过由我接任常务委员,并安排我作报告:《穿刺锁骨下静脉插入永久心脏起搏电极的导引新技术》,同时播放新技术的电影,影响很大,在国内起到了推广应用的作用。

1988 年,石教授主持中日心血管病学术会议,我又被邀请作报告:《穿刺锁骨下静脉插入永久心脏起搏电极的导引新技术》。

1990 年，在郭继鸿教授倡议与石毓澍教授支持下，在北京召开了中国中青年心律失常研究会筹备会议，并于1993 年在北京正式成立，郭教授提名由我担任首届主任委员，在全体会议上获得通过。1994 年，在广东湛江召开第二届学术会议上，我们师生二人分别荣获"第二届心脏电生理学与心脏起搏学功勋奖"。

1994 年 2 月，石教授和我参加在北京举行的中华医学会心电生理起搏学分会筹备会议，同年分会成立，并于2002 年在成都召开学术会议，石教授与我荣获"对我国心脏电生理与起搏事业做出杰出贡献"奖牌。

2005 年，我们在共同参加海河之滨心脏病学会议时，师生二人合影留下永远纪念。同年在举行"石毓澍教授从医60 载庆典"之际，在参观石教授创建的天津心脏病学研究所和举行座谈会后，我们师生二人再次合影纪念。

2007 年 7 月，石毓澍教授从澳大利亚回到天津，应天津市心脏电生与心脏起搏学会邀请，他作了"致心律失常右室发育不全病因"的专题报告，

2010 年 7 月 6 日，石毓澍在从医 65 周年纪念会上

受到全体会员和医师的热烈欢迎。其后他受总医院心脏内科邀请，在夫人和许多医师陪同下，来到他的"老家"视察并指导工作，受到心脏内科与其他人员的热烈欢迎。

回顾自己从医的一生，我能从事心血管病专业，能做一些工作成绩，能连续三届得到中国心律学会主任委员石毓澍教授"为我国心律学创伟业"的评价，以及获得中华医学会授予的"中国介入心脏病学终生成就奖"与中国心律学会授予的"中国心律学终身成就奖"，完全是因为我有一位好老师、一个事业的楷模，他就是石毓澍教授。我深深感觉到："回忆师生共事数十年，是一件非常愉快之事"，这是 2013 年石老师为我《金台建瓴》一书的题词，它表明了石老师对学生从医 60 载工作的认可与肯定，我油然产生自豪感。

（作者系原天津医学院总医院心脏内科教授）

忆恩师

李忠诚

一、魅力人生 光辉的榜样

今年是我的恩师石毓澍教授 90 华诞，在此，首先祝他老人家健康长寿!

石毓澍教授是我国著名心血管专家, 早年留学法国, 回国后一直从事心血管内科教学与临床工作, 是我国改革开放后首批国务院批准的博士生导师, 曾任中华医学会副会长, 天津医学会会长, 是一位德高望重的医学前辈。回想我与恩师相遇、相知并直接聆教至今已有三十余年。早在学生时代, 石教授敏锐的头脑、幽默的语言、渊博的知识和富有哲理的授课风格就在学生中传为美谈, 受到众人的敬仰。但我最早与石教授的会面却是在"文革"腥风血雨的批斗会上。现在回想, 当时石教授四十多岁, 正值年富力强之时, 本可以发挥更大的作用, 但却被"文革"所摧残和耽搁了。

20 世纪 70 年代, 石教授穿上了军装, 到北京担任中央保健工作, 但每月仍回天津总医院查房。每当查房日, 除内科医护外, 院内外医生、学生, 甚至外市医生也赶来参加, 除想一睹石教授风采外, 更重要的是聆听石教授的教诲, 提高自己的医疗水平。

70 年代末期, 石教授又回到天津, 除在二附属医院内科担任重要职务外, 还同时每周到天津胸科医院心内科查房、会诊。由于我当时在胸科医院当总住院医师, 每次接送大都由我负责, 所以也就与石教授有了直接的接触。1978 年, 研究生制度考试恢复, 石教授是我国首批博士生导师, 当时能考上石教授的研究生是众多学子的心愿, 因此石教授的考生如云, 是天津医科大学最热门的老师。由于我对导师的崇拜,对知识的渴求及为导师的为人所折服,因此经过一年多的准备,于 1979 年考上了石教授的硕士研究生,从而满足了做石教授学生的心愿;此后又于 1982 年转为博士研究生,直至 1994 年离开天津医大。在此过程中,我也由一个不知名的住院医生成长为教授,成为一个对国家、对人民有用的人。在追随导师的过程中,不但学习了很多知识,同时也在做人、为人方面受益多多,可以说使我受益一生。

二、艰苦奋斗 白手起家

1980 年,石教授已年届六旬有余,但为事业的发展、为了人才的培养,决定从大内科中分出,单独成立心脏科。

2004 年 9 月 18 日,石毓澍(前坐者)与学生李忠诚在天和医院留影

20 世纪 80 年代,我国正处于改革开放的初期,一切条件较差,石教授带领年轻的医护及学生,自己动手粉刷病房,做病房清洁,购买设备,当时作为总指挥的石教授不但身体力行参加劳

动,而且到处联系物品,争取财政支持,还自掏腰包给大家
买避暑降温的西瓜。虽然至今想起来,当时条件确实很差,
但大家热情很高,各尽所能,老少齐动手,到也其乐融融。
此后,为了打好基础增强科研能力,又积极筹划心脏病研
究所。石教授不断地跑各级领导机关,争取财政支持,计委
立项,规划设计,直至施工。可以说没有石教授就不会有心
脏病研究所。

三、敏锐的头脑　渊博的知识

石教授的敏锐头脑来源于渊博的知识。石教授认为,
我国心血管系统疾病的发展方向一定要像发达国家一样,
以冠心病为主,因此研究所主攻方向为冠心病的生化及电
生理检查。我有幸与石教授一组,主要研究心脏电生理学。
在石教授领导下,医大二院心脏科在天津市率先开展了临
床心脏电生理学检查及研究工作。当时对窦房结功能及室
上性心动过速的研究居我国先进水平,先后发表论文数十
篇,并在国际会议上与国外同道交流。80 年代中期,又开
展了心脏细胞跨膜动作电位的记录与研究,从而使心脏电
生理学研究达到细胞水平,此项研究居国内领先水平。90
年代初,石教授敏锐发现射频消融治疗心律失常可能是今
后心律失常非药物治疗方向, 因此派我到北京参观学习。
此时, 恰逢北京各大医院正在开射频消融的国际会议,会
议上射频消融治疗预激综合征及阵发性室上速取得了很
大的成功,其良好的治疗效果给同道留下了深刻印象。当

我向石教授汇报后,他当即指示我将美国专家请到天津做学术交流及手术示范。当时手术的成功,极大地鼓舞了医大二院的医生。为此,石教授立即组织科内医生学习理论知识,并跑天津市科委争取财政支持,购买了必要的仪器设备。医大二院在天津市率先开展了射频消融治疗阵发性室上性心动过速及预激综合征,开创了天津市心律失常非药物治疗的先河。当时就医者如云,最多时我们两天治疗了13例患者,而等待入院者常达数十人。可以说,天津市开展此项工作在全国也是领先的,不但解除了大量患者的病痛,而且产生了很好的社会效益。只可惜由于某种原因,事业没有很好发展下去。至今回想起来真是令人遗憾。

总结开展心脏电生理学研究20年来,在石教授亲自带领和指导下,我们撰写了专著3部,发表论文数十篇,取得了令人瞩目的成绩。现在医大二院已将电压钳技术熟练应用于科研,心脏电生理研究也达到了分子水平。同时,心房纤颤的射频治疗也取得了很好成绩,看到石教授开创的事业能重新蓬勃发展,令人欣喜。

四、理论联系实际 实践出真知

我在跟随石教授的数十年里,他老人家一再教育我们不要死啃书本,坚持理论与实践相结合。坦率地说,做石教授的研究生是很累的,不但要坚持全部临床工作,包括:管病人,写病历,查房,值夜班,带学生,而且要参与全部心内科介入治疗工作,科研、看书、写文章只能利用下夜班及业余时间。这样虽然个人很累,但我们觉得收获颇丰,不但学业有长进,而且毕业后个个能独当一面。目前,天津市六七家三级医院的心内科主任均出自石教授门下,一方面说明石教授桃李满天下,另一方面也代表了石教授学生们的学术水平。

在外语学习上,老师要求我们也不要死啃书本。他常常给我们回忆起自己学习法语的经历。石教授说,当年留法前只念过一本初级入门读物。因当年中法交通不便,需坐轮船两三个月才能到达。所以每当轮船靠岸休息、进行生活物资装卸时,他便与其他人一起上街采购。就这样断断续续,直至到达法国里昂时,已基本能应付日常生活。而同行人员则只顾在船上死读书,当到达法国时,则一片茫然,一切用语常需要石教授帮忙。

对外语学习,石教授的记忆力令人惊异。我记得80年代,我的一个同学欲引进苏联的一个测试航天员的仪器,由于涉及医学,所以请石教授前往咨询。当到达后才发现,说明书等都是俄文的,我虽然中学时代学过俄语,但由于多年荒废,面对俄文已一片空白了。石教授当时笑着接过说明书说:“我来看一看。”然后一字一句地读了起来,我当时十分惊讶。石教授说,50年代中苏友好,每个人必须学习俄文,当时曾参加过一年的夜校学习。如此短的学习时间,而又经过如此漫长的岁月(相隔近三十年),石教授仍能记得,其记忆力之好不但令我无地自容,而且对老师的崇拜更是油然而生。

五、淡泊名利　朴素一生

　　石教授对生活的要求是十分低的。我记得80年代,老师已六十多岁,但每天依然骑自行车上下班,中午自带十分简单的饭菜,中午有时就在暖气上烘一烘,从无怨言。后来随着改革开放,生活水平的提高,科内才有了蒸箱及微波炉。考虑到老师上下班需骑车半个多小时,年龄也较大,医院领导及同人多方劝说,老师才坐汽车上下班,基本解决了交通问题。说到老师的生活简朴,有一趣闻十分值得回忆。石教授理发很少进理发馆,更没有进过美发厅。一次在路边的树荫下理发,恰巧被一相识的《天津日报》记者发现,令记者十分感动,为此写过一篇短文登在《天津日报》上,感叹这样著名的医学专家竟与普通百姓一样朴素平淡。文章广为流传,一时传为美谈,同时也成了石教授生活的一个典型例证。

　　石教授对吃饭更是十分随便,没有特别嗜好,也从不偏食。我记得一件小事,令我终生难忘。那是80年代,正值我国改革开放的初期,生活条件还相当差,餐馆也不多,并且大多数餐馆经营还遵循衙门式,到点关门,稍晚不候。1982年,我硕士研究生论文答辩后外出参观回来已晚,最后只好在北站外一个小水饺馆就餐。同去的除石教授外,还有我国著名的内科专家王培仁教授。当时餐馆环境之差,机器水饺质量的低劣是现今人们很难理解的;但我们这些德高望重的专家仍吃得津津有味,令我们思绪万千,感叹老一辈专家事业上的高追求,生活上低要求正是他们成功的秘诀吧!

石教授淡泊名利的事情很多。无论写论文,发表文章,只有他老人家亲自撰写的才属其名;其学生、研究生写的文章、所做科研,他仅在最后缀名,以增加文章的权威性。石教授对金钱看得特别淡,每次发稿费、奖金总是放在办公桌内留作科内不时之需。80年代为照顾老专家的生活,曾将门诊挂号费提高,作为国际知名专家的挂号费当时定为每人50元整,这些钱相当于一般人平均月工资的一半儿多,医学院也只有少数教授能享用。而石教授一口回绝,当时他在科内说:"我没有那么大的本事,一次门诊就吃掉人家半月工资;我也没有那么大的本事,一句话就能救人家一条命。"石教授的高风亮节深深地感染和教育了他的同事及学生。至今我们这些晚辈依然遵循着他的教导,平平淡淡地工作着,没有一个人拿高额专家挂号费。可见老师的人格魅力。

六、热爱足球　拼搏人生

石教授生活上要求很低,但事业上却高标准严要求,要我们不断学习,向国内外同道学习,这也体现在对足球的热爱上。石教授看足球,看比赛,看球技,看人生。他不但懂足球,还会踢足球。老师常说看足球可以懂很多人生道理,一场好的球赛,不但要有球技高超的球星,更重要的是整支球队的默契配合以及良好的反应能力。每当世界杯赛或欧锦赛,老师几乎是场场必看。无论是夜深人静,还是黎明时分,闹钟一响,立即披衣起身看实况转播。后来年龄大了,才改为看录像。老师与当时国家队队员及教练员很多人都是好朋友,而这些队员又敬重老师的人品和对足球的热爱,曾将一只全体国家队员签名的足球赠予老师。这只足球一直放在老师办公室里显要的位置,成为当时一道耀眼独特的风景线。

80年代老师到法国访问,还曾带回一本有关法国足球技术的专著,回国后翻译出版,并分赠给我国一些著名足球运动员,由此可以体会到老师对足球热爱之深。据我所知,医学专家出版有关足球技术书籍不能说绝无仅有,但绝对是凤毛麟角。老师还曾为法国足球队访华牵线搭桥,可惜因故最终未能实现,成为遗憾。每当看到老师谈足球时的神采飞扬,领略到足球的深奥哲理,常为老师的渊博知识所折服。看到现今中国足球的惨状,不能不哀叹正是缺少了一批这样爱足球、懂足球,并愿为足球而贡献的人。

以上仅仅是我作为石教授学生的一点点体会。老师的人格魅力深深地影响着我的一生。如今我也步入老年行列,回忆自己的一生,深深地感到能做石教授的学生真是我一生的幸事,不但在事业上受益,而且在为人做事上也受益匪浅,能够享用一生。近年来,由于老师移居国外,见面机会很少,虽然我也曾两次去澳洲看望,但毕竟时间很短。所以在此我遥祝老师健康长寿,并希望老师能常回家看看,我等学生也好再次聆听您的教诲。

(作者系天津市天和医院心内科主任、医学博士、教授、博士生导师,国务院特贴专家,2013年病逝,写于2008年)

永远的恩师

王　林

我的恩师石毓澍是学贯中西的国内外著名内科学专家、医学教育家,尤其擅长心血管专业,为祖国的医学事业做出了诸多贡献。他老人家早年曾从事急性白血病、结核病的研究;20世纪50年代末至60年代,从事心力衰竭水电平衡的研究;70年代后,主要从事冠心病及心律失常的研究,每项工作都取得了骄人的成绩。得到他老人家教益的学生不计其数,真可谓桃李满天下。作为弟子,我衷心祝愿老师健康长寿,亦忆及追随老师30年工作学习的一些裨益终生的往事。

一、全面培养后人　注重整体素质

培养后人,造就学术梯队,使事业继续发展,历来是医学大家的风范。老师在这方面循循善诱,营造各种机会,利于后学之辈整体素质的提高,可谓是独具匠心。

1977年年初,我们一伙儿二十几岁的年轻人满怀热情地来到当时的天津医学院附属医院分院内科,见到了仰慕已久、大名鼎鼎的石毓澍教授。大伙儿私下里都憋着一股子劲儿,一定要好好向老一辈学习,做个好医生。然而,意想不到的是科里通知我们要做6个月的护士工作,大家议论纷纷很不理解:我们是医学院毕业的,怎么去学护士呢?但心里都明白这是石主任的意见,不可违背。

护士长分配我们去做晨护、换药、发药、打针等执行医嘱的一般工作,也参与打饭、发饭的事,并未对我们提出更多的要求,总觉得我们这批人终究是大夫,不好强要求,但石主任对我们的要求可从来没有放松。一次,他在地震后的临建病房查房,做"护士"的我赶紧凑过去听他查房讲些什么,突然他转身注视着护士长问道:"他们干得怎么样?""干得挺好的,昨天一个病人静脉很难找,王大夫在大拇指上找了个静脉还扎进去了。"石主任满意地看了我一眼,我更加心安理得地站在那听他查房。说来也巧,此时病人家属找来:"××床液体完了。"护士长刚要去,石主任随即说道:"让王大夫去吧。"我端起治疗盘赶紧去了,消毒、放液、结扎、穿刺,一切顺利完成了。这时,石主任带着查房队伍来到了病人床前,笑着问护士长:"能及格吗?""不错不错,90分以上了。"护士长答道。但石主任并不满足于这些,很严肃地对我说:"王大夫,护理工作可不简单呀,你发饭计算出病人的卡路里,现在能答出这个病人吃多少碳水化合物、脂肪、蛋白质,如还欠缺热量补多少葡萄糖可以解决?另外,你再回答一个问题:现在瓶子里有 300 毫升液体,需要多长时间就可以输完?"我茫然地看着他,却答不出来。他又对护士长说:"要严格要求,让他们学会做主班,会排班,能胜任全部护理部的工作才行。"至此,护士长也意识到不能敷衍了事,对我们要按合格护士来培养。我们干起来也认真多了。

2010 年,石毓澍(右)与学生王林合影

一晃 8 个月过去了,护理部也给我们向石主任求情:放他们回去做大夫吧!我们心里也像长草似的,真这样下去何时才能做大夫呢?于是就集体找到石主任,表态说我们确实认真干了,用当时时髦的话讲:已经接受护士的"再教育",做到相结合了。未曾想,石主任又分配我和王树大夫及护理部的一些同志去医疗器械五厂与工人"相结合"去了,目的是让我们学会国产呼吸机的工作原理,要求不但会使还要会维修。同时明确指出,内科大夫不能"君子动口不动手",大小事要大夫亲自动手干。又是 3 个月过去了,年轻大夫与护士们已确实融为一体,工作起来没

有隔阂了。日后的临床实践证实，这种锻炼是十分必要的。在抢救病人时，医护之间的默契配合，检查、纠正护士执行医嘱情况，这些都是优秀医师应该具备的素质。

如果说护士的经历是为了打消年轻医师自傲、自以为是的作风，那么我工作后一年做代理主治医师的经历却从另一个方面锻炼了我当医生的自信心和驾驭复杂情况时不惧困难的能力。1978年，我跟随精明强干的张祖茂主治医师做住院大夫，那时在内科做主治医师查房的是毕业于20世纪40年代末的杨会春医师和毕业于50年代初的谢志强、杨慧洁医师，相比他们而言，毕业于60年代初的张祖茂医师则是小字辈了。当时年轻大夫曾戏言："咱们老了退休时做个主治大夫就不错了。"可是意想不到的事情发生了，张主治医师要去北京学习心脏B超技术，我所在的组没有主治医师查房了，科住院通知我从即日起由我代理主治医师查房。最初我以为是开玩笑，但经再三确认证实此事时，我心里开始犯嘀咕了：这么多危重病人我怎么应付呀！我刚毕业一年，什么都还不会，怎么带查房呢？我急忙找到石主任言明此意，他用近乎严厉的语气跟我说："科室决定让你去查你就查，不会就学，没有生而知之的事。"我不敢再分辩，退出了主任办公室，想等一会儿再说，恰逢此时甘幼强主任回来了，在门口我跟他又将此事说了一遍。甘主任倒是平和地对我说："这是石主任定的，你去查房吧，不明白的事多问问就是了。石主任那里有登记，张大夫那组除了进修大夫就你年龄大，必须锻炼本院的人。"自此后,我就"装模作样"地带起组来,那真是一段"受罪"的经历。每天早起晚睡,翻书查资料,不懂就问,小笔记本上密密麻麻的都是需要请教的问题。除此之外还要面对一些压力,早上9点一到,护士长就半认真半开玩笑地说:"时间已到,老大夫要查房了。"随着时间的推移,人们也习惯我这个年轻的"老大夫"了。张主治2个月后回来了,我提心吊胆的日子也算结束了,经过这段时间的磨炼,我做大夫的自信就更强了,敢于负责,能独立处理某些危重病人了。

1986年,我顺利地晋升为主治医师,硕士论文已近收尾阶段,科里指定我作为住院大夫去总医院内科进修。我当时很想不通,自己已是主治医师又是研究生,况且还在内科工作过6年,不应该我去,但又不敢明说。石主任似乎看出了我的想法,对我言道:"京剧演员要在天津演出得到认可才能成为'名角儿',当大夫的得不到总医院认可也不成,我要你不一定在病房多待,在急症的时间最少在半年以上才成。"虽说不情愿,但师命难违。经过总医院9个月急症工作的历练,确实学到了很多临床真本事,也算通过了总医院考试这一关。至今回想起这些"磨难"都是必需的,做一个好的内科医师整体素质不行,临床专业水准是不可能提高的。真情感谢石主任给我如此多的锻炼机会,使我能够成为合格的、患者放心的医生。

二、事成于细　业精于勤

有记者问起石主任成功的秘诀，他坦言道："我没什么了不起，如果说多年工作取得一点儿成绩，那只是我多下了一些功夫，多了一份细心而已。"老师是这么说的也是这么做的，几件小事可以折射出他对事物观察思考之甚微。1978 年，我做代理主治医师，那时尚无正式的临床药理研究之称谓，天津药物研究院正在观察受 α 体阻断剂新药长压定（米诺地尔）的降压效果。病房有一个病人试服此药，她是尿毒症患者，脸色黯黑，在其颜面皮肤上生了少许细细的淡淡的毛发，许多医师均未注意到她服药后这一细微的变化。

几周后石主任查房，经过详细的体检后问道："病人什么时候颜面部长有毛发了？"大家不知如何回答，他继言道："注意观察，看病人皮肤其他部位是否还有这样的变化。"患者在服用该药后 2 个月，其背部、上肢亦有多毛现象，以口唇上部为著，且呈淡绿色。石主任在递呈临床报告时将此发现写到了不良反应中，他敏锐细致的观察令所有医师钦佩不已。

1984 年秋，心脏科的科住院外出开会，我代其行使科间会诊任务。一天急症来了一个 28 岁年轻患者，主诉左侧胸部剧疼 2 小时，伴有大汗，内科一般体检无异常发现，病人不发烧，血液 WBC 不高。内科值班医师认为是心源性胸疼，而心脏科医师则认为心电图无改变，不是心脏的问题，双方争执不下,病人不好处理,请科住院定夺。我来到急症,由于诊断不清,不敢贸然给予镇静止痛疗法。此时病人胸痛加剧,不能再坚持,只好找外科老大夫借了张胸片申请单(当时胸大片管理尚属"配给制")让患者拍个胸片,结果诊断为左侧气胸。心脏科值班医师"扬扬得意"地说:我们当初考虑的胸部病患是正确的。此病人最终转到内科行闭式引流治疗,一场"争执"得以圆满解决。临近下班时在楼道碰上石主任,我简要地向他汇报此病人的处理经过,他思索一下问道:"这个病人心电图真没有异常表现吗?"我想了想答道:"心电图大致正常吧。""你知道病人住在几床吗?把心电图和胸片借过来再看看。"石主任一边看着心电图一边说着:"这份图可以说是大致正常,但对这个病来说就不正常了,胸前导联上没有 R 波逐渐增高的变化,V5、V6R 波反而低了,你们也没做心电图呀,有可能这就是左侧气胸引起的典型心电图改变。"在以后的临床实践中又遇到 4 例确诊左侧气胸的病人,心电图亦有类似的现象,果然证实了石主任的推断。老师在发表的《心肌梗死心电图诊断的一些问题》的文章中,还重点描述了左侧气胸心电图与急性心肌梗死鉴别诊断的要点。对于这个病例,石主任再一次显现出他高人一筹的临床细心之处。

作为教师,石老师的授课水平是同道们交口称赞的,凡是听过石主任讲课的大夫和学生无不被老师授课时所传授的广博知识以及准确、严谨、诙谐、风趣的语言和博采众家之长的大师风采所折服。我在进行博士学位答辩前,

241

曾请教老师如何在短时间内讲清研究内容。他略做思索后问我:"你听过侯宝林说的相声吗?"我一边听着一边琢磨,侯老先生不进行博士答辩呀。只听老师继续说道:"你要利用好录音机,先录下来,一段一段地听,找出那些连自己也听不懂的、多余的废话,统统删掉。语速很重要,侯宝林是语言大师,他的言语速度就是人大脑反应速度,太快了人们反应不过来,太慢了包袱还没出来人们却先笑了,效果不好。"老师还把平时用的小幻灯机送给我(当时还没有多媒体设备)并嘱咐道:"好好准备吧。"此时我才恍然大悟,明白了老师对我讲侯宝林先生的用意。通过这件事折射出老师在诸多方面之所以取得成功,除了天赋外跟他老人家平素对事物的细心观察、反复揣摩及凡事皆要研究清楚的工作作风是密不可分的。

石主任的勤奋工作精神是学生们有目共睹的。按常理讲,老师是心脏科的创始人,年龄又大了,不需要循规蹈矩那么严格要求自己准时上下班,但老师却不论刮风下雨,气候多么恶劣,都准时来到办公室开始工作。像换暖水瓶、打开水之类的小事每次都婉言谢绝别人帮忙,亲力亲为;无论外出开会还是出国进行学术交流,只要一回来,老师不顾旅途劳累或是时差影响,转天就会准时出现在办公室或病房进行日常工作。一次老师由外地回津,患重感冒,声音嘶哑几乎失声,学生们劝他休息几天,老师不正面回答这个问题,而是说:"你们有各自的工作去忙吧,不用管我。"石主任就是用这种无声的行动告诉他的弟子做医生的只有勤奋工作才有出路。1996 年出国前,他将《勤奋就是聪明》的演讲稿留给我,并嘱咐我说:"世界上聪明人是勤奋工作的人。"他老人家的所作所为正如其所言,"细心和勤奋"是石主任成功人生的秘诀之一。

三、欣赏足球　品味人生

石主任不仅在学术造诣上精深,他的业余爱好亦十分广泛。在诸多爱好中,足球运动也许是他老人家最钟爱的抑或是最痴迷的。在陪石主任看球期间,一次他老人家突然发问道:"为什么球是圆的,场地是长方形的呢?而不是球场是圆的,球是方的?"我答曰:"那无法踢,那是楞子啊!""王大夫,没有规矩,不成方圆。踢球和做事皆一样道理,踢球必须遵循规则,严重犯规给黄牌,两次黄牌就会被罚下,这场球就没有你的任何机会了。在球场上要有耐性,不停寻找时机方有机会,要尊重对手,不能采取犯规手段及埋怨裁判,踢足球是凭技术、凭头脑,不是单凭鲁莽拼体力。如同踢球一样,做人做事也有竞争,不能像楞子那样,要规矩做人,按章办事不能犯规,给个'红牌'这辈子就完了。"他这番评论与古代东方"方如行义,圆如用智"的哲学如出一辙,老师平常为人处世、做学问也是这样的,对学生做人的品德也是这样严格要求的。老师认为,作为人才,德才兼备最好;若二者不可兼得时,老师更注重人的品德修养。

年轻时的石主任就曾经披挂过法国里昂市足球队的战袍,对国际上足球队的打法、阵型、著名运动员的特点,他能如数家珍般娓娓道来。国内几代足球运动员皆有他相识的朋友,早期可以上溯到国家白队的陈山虎、袁道伦、邵先凯、严德俊;五六十年代的孙霞丰、沈福儒、张业福、韩武;七八十年代的左树声、陈金刚、陈胜利……石主任在80年代中期,就曾利用赴法进行学术交流之机联系了法国足球队,来中国打两场友谊赛,交换的条件是天津杂技团赴法国演出,最终由于种种原因未能成行。要知道那时可是足球皇帝——普拉蒂尼的巅峰时代呀!虽未促成足球比赛,但他带回了一本法文的《足球技术入门》交给学生们翻译出版,后来,老师让我将此书赠给了时任中国国家队队长的左树声,以便他了解熟悉发达国家的足球技术。时至今日谈及此事,左树声仍感念不已。石主任定居国外后,每次回国只要有时间,便会去民园体育场观看天津足球队的比赛,2004年老师回国时还赠送我一本《足球百科全书》。虽说足球只是老人家工作闲暇时的爱好,但老师对足球运动的理解以及对足球理论的研究绝不是业余水平,而是十分专业的,这也从另一个侧面折射出石主任对事业的执着追求精神和对事物观察细致入微的作风。更难能可贵的是,这种爱好不仅丰富了其生活,而且还能从中感悟出很多人生真谛及做人的道理,使我们这些后生之辈从中受益匪浅。

每次踢世界杯前,球迷都要预测哪支队伍会获得冠军,是南美球队还是欧洲的球队?老师亦不例外,也常常评论哪支球队会赢。当然,老师十分喜欢曾经学习和生活过的法国及其国家球队,在这支队伍中有光彩夺目的世界级球星普拉蒂尼和齐达内。当任何一支球队与德国队相碰撞时,他就会讲德国队获胜的机会大。那是因为德国队团队精神好,整支球队就像一台机器有条不紊地工作着,不论是进攻还是防守,三条线各司其职。他还讲,足球如此,一个医院、一个科室又何尝不是这样呢?佐夫是优秀的守门员,马拉多纳是不可多得的前锋,假如佐夫不安心做什么守门员,总想去夺营拔寨,马拉多纳还想启动"上帝之手"去守门,那岂不乱套了!只有整支球队的队员心往一处想、劲儿往一处使,那么这支球队才能有所作为,才是一支优秀的球队。毋庸置言,每个队员也自然会成为优秀的球员;反言之,球队很糟糕,也就很难产生优秀的球员,所以一个人在团队中要演好自己的角色,不要越位,密切配合好,团队就有取胜的希望了。

四、临床基本功扎实 科研才能有突破

老师在医学研究中建树颇多, 如早期的急性白血病、心内膜下心肌坏死、充血性心力衰竭,至后期的冠心病、急性心肌梗死、心律失常等,都有深入研究。学生们每每问起如何搞好临床科研,石主任时常回答:"作为医生要有好的临床基本功,对疾病的每个过程都必须十分熟悉,才能发现问题研究问题,不能人云亦云,别人干什么你跟着干什么,那样很难有突破,也就成不了系列临床研究。"在日后谈到临床研究方向时他还说道:"你搞临床药理方向不错,

与足球一样有一个突破口才行,是心力衰竭呢,还是高血压?都是要动脑子研究问题。"

石主任不时用这种"足球实践"来指导学生的学术发展,老师对足球之道的理解就是如此精辟,诚如吴咸中院士所评价:"这么多复杂的问题,石教授用足球一解释皆可通达。"老师在祖国灾难深重时负重海外留学,在抗战胜利后怀着报效祖国、服务人民的满腔热情回到祖国,先后在天津、昆明等地工作,1949 年后成立了天津医科大学,受朱校长之邀来津工作,曾先后担任三家医院的院长职务,为祖国医学事业的发展倾注了大量心血。他时常教育学生热爱祖国、为国尽力,通过观看一场足球比赛亦十分清楚地看出这一点。记得是 1982 年世界杯外围赛中国对沙特,我和王凤仪医师相约去石主任家看球,随着比赛的高潮迭起,我们顾不得师母在场开始放肆起来,高声谈论欢呼着。师母也被我们的激情所感染,只要中国队进球就发给我们每人一个柑橘,那时物资供应不像现在这样丰富,柑橘也算是"奢侈品"了。谁知比赛进行得一波三折,中国队被 2:2 逼平了,空气顿时紧张起来,石主任不停地评述,在为中国队鼓劲儿。这时苏永舜教练换上左树声和陈金刚,两位骁将不负众望打进 2 球,中国队最终以 4:2 获胜。石主任不住地拍着我的肩膀说:"中国队赢了。"作为学生的我从未受过这样的礼遇,胜利喜悦之情溢于言表。这是我陪石主任看得最为高兴的一场球。虽说一场球的胜利不能说明中国队就强大了,但我从中体会到了老师的拳拳爱国之心和作为中国人的骄傲，他那开心的笑容至今留在我的脑海里，激励我为祖国的医学事业不懈努力。

五、言传身教 师恩如山

我忆及的都是老师从师 30 年来工作学习中琐碎的小事，但石主任是干大事的人，创立了天津心血管疾病的临床研究基地，为天津市和全国培养一批人才，可谓万紫千红、桃李满天下。老师是中西合璧的人，他老人家融汇了东方和西方的学术与哲学思想，以九层之台起于累土、千里之行始于足下的实干精神成就了如此的事业。老师那渊博的知识、宽容大度的为人、幽默的谈吐、非凡的气质及在同行和群众中的崇高威望深深影响了医学界的几代人，他是我行医做人的楷模和永远的恩师。

如今当他 99 岁时，老人家将多年的临床经验结合当今世界的最新文献亲手撰写并出版了新著《临床心脏病学讲义》。老人家的宗旨是"面向我国青年医生编写一本实用的讲义"。其实，这本书对不同层次从事心血管临床的医师都是适用的。老人家首先从接触病人开始，从症状、体格检查、心脏病的最基本仪器检查、常用的技术操作，然后过渡到心脏科的各类疾病。以书中高血压病为例，老人家写道："第四心音和心电图上出现 P 增宽，以及切迹异常的 P 波是高血压心脏病的最早期体征。超声心动图左心室肥厚的证据见于后期。胸部 X 线片多为正常，直到高血压心脏病晚期才呈现扩张。主动脉夹层动脉瘤或漏血动脉瘤可以是高血压的第一个体征并可见于未经治疗的高血压，多尿、夜尿症提示是肾脏浓缩功能减退，蛋白尿、微量血尿、管型尿和氮质潴留是肾小动脉硬化的晚期表现。在心脏检查之外，要做眼底检查。"短短几行字就将高血压的病生理、病理及各系统的关系交代得十分清楚，将学生学到的基础与临床及前面章节介绍的检查仪器一并串起来讲，对于临床大夫来说是十分实用的。老人家正是以"授人以鱼不如授人以渔"的方法引导我们在业务上不断精进。

我追随石主任40年，他老人家在日常的查房、讲课、稿件的修改上无不贯彻这一思路。传统的内科医生往往局限于查房，思考、分析、动手能力较差。针对这种情况，石主任对我们提出"孔孟之学是君子动口不动手，但现今的学科进展要求我们内科医生既可动口查房、指导学生、教育病人，还要动手能力强，不能光动嘴不动手。"在石主任的要求下，心脏科介入开展得早，成熟的人多，有力地支撑了各大医院心脏科的工作，促进了天津市心血管事业的发展。

石主任要求弟子们要有广博的学问。老人家时常说："博士博士，博才行；学问太单一了不成。"我们这些弟子先后被送去法国、美国、天津胸科医院、上海、北京协和、301医院、天津总医院进修学习，为的就是博采众家之长。

"师者，所以传道、授业、解惑也。"石主任不但在业务上给予弟子们诸多的指点，在为人处事等重大事宜上同样给予学生至关重要的点拨迷津的指导。90年代末，我担任院内主要行政职务时，老人家即刻来信(电传)嘱我要像做大夫那样做领导，时刻记着自己是个医生，不放弃业务，坚持门诊，以临床药理为研究方向，并再三嘱咐做行政工作无他，心有多大，事有多大，要拿得起来放得下，坚持原则，宽容待人。石主任的教导使我平稳地渡过了那十几年艰难的日子，业务上也做出了些成绩。

2002年9月22日，石毓澍(前排中间者)与邢元敏、吴咸中、郝希山、王寒松、马腾骧、何致喻等人合影

石主任性格开朗，言语幽默，在日常生活中也不放过用点滴的事情启发教育学生。记得当时体院北小区尚未建成，我们时常陪石主任从天津宾馆旁小路骑车回家。一次，一个农民赶着驴车，上面拉着西瓜，有些青草铺垫其中，以示瓜是从地里刚摘的。石主任下车问我："王大夫，捎个瓜回家吧。"我答曰："我不会挑，挑不好。"石主任大笑着说：

"不会挑西瓜怎么做大夫呢？挑西瓜与做大夫一样，要望触叩听呀。"说着在西瓜堆里择出一个西瓜说："看模样不错，不是歪瓜裂枣吧。这就是望诊。"他用手拍了拍，声音清脆，"不娄"，最后用双手将西瓜放在耳边捏了捏、用耳朵听着说道："脆沙瓤。这就是望触叩听了。王大夫下手挑一个吧。"连卖瓜的农民听了石主任的话都开心地笑了。

石主任学问很大，但为人十分谦逊。有一次，我和忠诚师兄请教石老，老人家言简意赅给我们清晰的回答。师兄言道："石主任，您学问太大了，多写些书教教我们。"听罢，石主任哈哈大笑道："什么大学问呀，写不出什么来，我真正的学问给我两张纸富余，一张纸写不满，咱也不能把一张纸裁成两半儿吧，半张纸多一点儿，字还得大。我就是那么一点儿体会而已，余下的都是前人发现的。"话虽简，意却深，做人做事不能傲慢，要虚心才会不断进步。

石主任在《临床心脏病学讲义》的扉页上写了 R.Froment 的名句："一切都是相对的，如果有绝对的，那也不是别的，那就是一切都是相对的。"他老人家还是那么谦逊，尽管此书凝聚了石主任辛勤从医七十余年不断学习得来的经验及近年来学习新文献之所得，但老人家告之学生这一切都是相对的真理，可以推敲，同时他还在告诫学生，要不断学习，你现在的知识是对的、先进的，如果你不学习，将落后于时代和医学的飞速发展，到那时你的一些观念可能就是错的了，科学的发展就是这样的。"经师者易寻，人师者难遇。"我是幸运的，有石主任这样终生的恩师，他老人家的一言一行深深地印在我的脑海里,他老人家的言传身教指导我在行医和人生的道路上不断前行。

(作者系天津医科大学第二医院原院长,写于 2017 年)

感　悟

袁如玉

石老,是心血管界德高望重的前辈,也是天津心脏病学研究所、天津医大二院心脏科的创始人。作为晚辈的我,虽然没能聆听过石老的教诲,但也拜读过他的著作,久仰他的大名。在心研所和二院心脏科成立 30 周年、石老从医执教 65 周年大庆时,石老从澳洲回津,我有幸目睹了老教授如此高龄健康矍铄精力充沛,思维睿智谈吐幽默,待人谦逊和蔼,真有些不敢相信自己的眼睛。我想:世上难有多少如此高龄而又这么健康的人,上下楼梯不用人搀扶,走起路来足下生风,年轻人也不过如此。更为神奇的是,如此高龄却又思维敏捷,思想深刻,表达清晰,通晓古今、人际伦常,对当今社会的飞速发展、社会现象都能接受,对现今的医疗技术领域都能发表自己的见地,还是个超级球迷,世界杯比赛场场不落地看直播(包括半夜的比赛),真是让我瞠目、惊叹不已。石老回澳洲后,回想与大师的接触,有感而发,略记一二。

2005 年,海河之滨心脏病学会议开幕仪式后,石老要赶去参加另一个活动。在送石老出门时老人家问我:"在这里感觉怎么样?待着还顺心吗?"我当即表示挺好的,这里工作环境挺好。他立即反问一句:"真的吗?是真心话吗?"我随即再次肯定。我知道石老问话的含义,也感受到石老的关心。

再一次是石老要看牙,口腔科彭主任让我们去监护一下确保安全,我很欣然地接受了任务。之前为石老准备了两片硝酸甘油备用,准备了一瓶矿泉水和几块干净纱布,石老看了说:"你很细心。"在等待修牙时因为离石老很近,我看了看石老戴的手表,心想:石老这么大腕儿戴什么表啊?石老看出我的心思说:"这是很普通的表。我的生活很简单,简单就是幸福。"真是智者之言!在拔牙中要打麻药,拔残根时又敲又凿,石老从没皱一下眉,心率、血压也一直保持 75—80bpm、120—130/70—80mmHg, 还总是安慰彭主任:"没事儿,没事儿……不疼。"石老说:"住过'牛棚'的人世上所有的痛苦都不成问题了。"难怪老人心胸开阔健康长寿,是历经痛苦磨砺后的坚韧与豁达,是以非凡的健康心态为基石的。想想自己平时遇到困难和挫折,遇到不公正待遇就消极悲观、委屈、患得患失的,真是汗颜。石老的大家风范让我体会到了什么是坚强, 为我树立了终身的榜样。

　　几次接触后，我对石老的畏惧减少了很多。石老其实是相当和善的老人，他总是亲切地招呼我："来啊，坐啊。"也总是因为一点点帮助向我致谢。一次，我送他下楼，帮他拿起一件学生送的礼物，老人家幽默地说："我自己拿吧……怕你拿走啊。"我俩都开心地笑了。那一刻，我已经没把他当成众人仰慕的医学教授了，倒像自家的长辈，可爱的石老！

　　石老的夫人张主任也是非常慈祥的老人，她也出身名门，有着极高的修养和素质。同时，老人家做事认真的态度给我留下了深刻的印象。回国前我随院长、主

2010 年，袁如玉向从医 65 周年的石毓澍（右）献花

任去北京送二位老人，一起吃了顿饭。张主任嘱咐吃剩的东西尽量打包带走，教育我们爱惜粮食珍惜别人的劳动。她也是八十多岁的人了，膝关节还不好，走时想起还借了西餐厅餐具放在酒店房间内未还，便走到西餐厅向服务员交代：在房间还有几个碗几个碟子几双筷子几把勺子，请服务员电话确认后，才放心离去，办事有始有终，不愿给别

人添麻烦。虽然事情不大,但看出老主任做人做事认真的态度,头脑清晰办事严谨。真是细节决定人生!

人的一生要学的东西很多。在与石老夫妇二位前辈短暂的接触后,给了我许多人生的启迪,让晚生受益匪浅。

(作者系天津医科大学第二医院心脏科主任)

我去澳洲接石老

丛洪良

第一次与石教授近距离的接触是在 2000 年:一天,天津医科大学第二医院心脏科主任、心脏病研究所所长黄体刚教授(当时石毓澍教授是名誉所长)把我叫到他的办公室对我说:天津医科大学第二医院心脏病研究所已经成立 20 年了, 心脏科和心研所的创始人石毓澍教授离开心脏科到澳大利亚已经 5 年了,他本人和科里的同事及石老的学生们都非常想念石教授, 借此 20 周年之际他想请石老回国参加庆典并和大家团聚一下,同时向石老汇报一下心研所和心脏科这些年的工作和发展,并说市领导提出打算以后每年邀请石老回国一次。为保证石主任和他夫人张主任的旅途方便和安全,科里派我和石惟明去澳大利亚的堪培拉接石主任。当时石主任已经是八十多岁的高龄了,我非常高兴也很愿意去澳洲接石主任,这样可以聆听石老谈谈天津的医学史和对今后心脏科发展的设想。

我们在2000年悉尼奥运会之前到达澳洲悉尼,之后去了堪培拉见到了石老和张主任。石主任见到了我们很高兴,之前只是多次听石主任讲课、查房,这是第一次和石主任近距离在一起谈论医学以外的事情。石老很健谈,知识渊博,从二战谈到新中国的建立,从美国谈到欧洲,讲述了许多他是如何从家乡天津到法国里昂去留学的,以及在远渡重洋的留学途中所发生的一些趣事,谈到了一些医学的往事。还记得石老和我说起了有一次他陪同我们的老校长朱宪彝教授去法国,他非常直言地对老校长说:"您是我见过的最好的医生,但是您不是最好的医学教育家,因为天津医学院老师的讲课不够精彩,不能启迪医学生丰富的想象力。天津医学院培养的医学生医学理论知识不扎实,不启发学生的拓展思维,死板。""天津医学院成立了那么多年还没有培养出一名出色的心外科医生,心脏搭桥手术还不过关。"石老举例说,他在里昂医学院的法国教授在讲伤寒病时,像讲故事一样向学生讲这个疾病是如何被发现并治疗的,听了这节课你不用去复习就基本上掌握了伤寒病的要点。石老特地提到了法国、澳大利亚培养医学生是非常严格的,只要是经过医学院的培训并合格,就基本能够达到规定的要求,医生的培养是严进严出。石老曾诙谐地说:"西方国家的学生脱衣服、系鞋带和过马路的动作都是统一的,更不用说那么重要的医生培训了,他们一定是严格的培训,一旦通过培训,就达到了一定的水平,出来的医生一定是合格的,我们这方面做得很不够。"

听石老的老伴儿讲,由于石老是在国外读的医学,所以他也学习国外教学方法来教授我们。因此,每次给医学院学生讲课前,石老都会在吃早餐前认真地浏览一下讲义,这也是为什么我们这些学生都愿意聚精会神听石老上课的原因。石老诙谐,侃侃而谈,又能把要点不知不觉地让你记牢。而且石老总是踏着铃声进教室,讲课结束时铃声响起,从不拖堂,我们都非常喜欢石老的讲课。令我最为获益的是,石老向我讲了如何能做一名好的科主任,并讲了如何处理同事,尤其是知识分子之间的矛盾。他告诫我:"作为一名优秀的科主任,一定要'大气',要能容忍一些医生的'个性'""有才能的人往往都会有点儿个性""科主任既是学科的领头人,也应该是大家的组织者和服务员"。这句话我始终记得,也受益于我现在的科主任工作。记得在谈到作为科主任如何处理"红包"(当年还没有回扣问题)的问题上,我清楚地记得石主任多次用了"卑鄙"这个词来形容医生索要"红包",也向我讲了他当科主任时是如何处理一位资深医生收受"红包"的例子。我在医大二院心脏科攻读博士和工作期间,多次听护理部老师讲,石老从不外出吃饭,中午只是吃他自带的午饭。无论是谁请石老吃饭,石老总是推托,推不掉的他让学生替他出席。

　　到堪培拉石主任家的时候，正值欧洲杯开赛。在谈到当时的欧洲杯时，石老很兴奋，他谈了对欧洲足球的看法，也谈到了足球运动员在足球场上的精神面貌和特点，反映了一个民族的特性。记得当时石主任预测了2000年欧洲杯进入决赛的是意大利和法国队，我当时

2010年7月17日，石毓澍（右）与丛洪良合影

和石老开玩笑说："石老您是如何预测的？是否因为您年轻时在法国留学，有一份情感在里面？"石老轻轻一笑说："不真正懂球或普通的球迷是看进攻，而我这个懂球的老球迷是看防守，在这次欧洲杯中防守最好的球队是意大利和法国队。"我非常佩服石老洞察事物的角度，我问石老："那您能猜出谁是冠军吗？"石老说："一定是法国。"我说："为何是法国而不是意大利？"石老一笑说："因为法国队有球星齐达内，他是非常优秀的领军人物，而意大利没有像齐达内这样的领袖。"石主任说，球队就像一个科室，优秀的科室一定是有一位非常优秀的学科带头人。石主任问我："国内的酒店能看欧洲杯的决赛吗？"我说酒店里都有有线电视转播，能看欧洲杯转播。石老开玩笑地说："那就等着看我猜的决赛队和冠军对不对吧！"令我至今非常佩服石主任的是，最后决赛的就是法国和意大利队，而冠军就是法

国队,而最后的进球也是齐达内射进的。

　　一晃已经是 16 年之前的事了,但往事历历在目。

　　(作者系天津市胸科医院心内科主任、教授,写于 2016 年)

严谨治学　老骥伏枥

李广平

　　我从 1990 年跟随石毓澍教授攻读博士研究生,至今已经 28 个年头了。这 28 年,我也从毛头小伙经历了而立之年和不惑之年,也已经是知天命的人了。现在,每当想起跟石教授学习的日子,仍然感觉一种暖暖的幸福、一种美好的记忆。

　　我第一次听石教授讲课是在 1988 年。那时候我在天津医科大学(原天津医学院)总医院跟恩师周金台教授攻读硕士研究生。在周教授组织的一次心律失常诊治学习班上,在天津医科大学的图书馆门口迎候石教授,并聆听了他的授课。石教授和蔼可亲,面带微笑同我们打招呼(可能那时候石教授并不知道我是谁)。那次授课,石教授讲的是心动过速的诊断和处理,他结合板书把室上性心动过速的电生理现象用非常简单的方式讲得非常透彻，深入浅出。那时候没有 PPT，都是拍摄的一张一张的幻灯片，一张一张地放，结合板书讲课。石教授讲课，没有一句多余的话，解释的概念和原则清晰而易懂，结合不多的板书，突出了重点。而且他讲课时间掌握得非常准，当他讲完课的时候，正好是 40 分钟。我当时作为年轻的研究生，真有一种意犹未尽的感觉，真希望石教授接着讲一课。不知什么时候，我突然萌生了继续深造跟石教授读博士的想法。

第一次与石教授谈话是 1990 年 4 月。那年年初我正在准备硕士论文答辩。我当时想，我毕业以后是继续深造呢，还是去工作？当时没有石教授招收博士的信息，当时问研究生处（现在的研究生院），得到的回答是石教授还没有决定招不招生。我请教导师周教授我该如何选择？周教授说，你可以与石嘉玲主任（当时的心内科主任）谈谈，争取留下。于是，我就给总医院的人事部门递交了简历，也向心内科石嘉玲主任提出了留在总医院心内科的想法。因为周教授的研究生已经连续几届没有留下了，我也不知道我有没有机会留下。我为了问清楚石教授招生与否，壮着胆子来到他的办公室门口。门是开着的，我又犹豫了一会儿，再次鼓起勇气敲了一下那扇开着的门。他应了一声，让我进去。他问我："你是哪位？"我说："我是天津医学院的硕士研究生，周金台教授是我的导师。我今年毕业，想考您的博士研究生，不知道您今年招不招生？"石主任说："今年计划招收一名博士生。"我问："我能有机会报考，跟您读博士吗？"他说："可以，那要看你考试的情况定。"我又问："报您的学生都考什么课程？"他说："你去问研究生处就行，等招生简章下来了，你就可以报名了。"与石教授的谈话仅仅几分钟，但是改变了我后来的人生轨迹。

1990年的5月是我忙碌和有收获的一个月，我参加了博士研究生的考试、通过了硕士论文答辩，接到了总医院录用我的通知，但是博士考试和录取结果还不知道。我拿着医学院人事处给我的录用通知，领了人事关系派遣手续，到总医院的人事科（现在是人事处）报到，将人事手续交给了人事科的老师，然后向周金台教授和石嘉玲主任做了汇报。但是没过几天接到了博士研究生的录取通知书。我该怎么办呢？我问周主任，周主任说你应该去读博士，到石教授那里读博士，多好的机会呀！我拿着博士研究生录取通知书再次到了石教授的办公室，石教授说："录取了好，你要是上博士呢就把人事关系转过来吧。"我说："我已经把人事关系报到单交给总医

石毓澍（左）与学生李广平

院人事科了。"他说："你去办就是了。"于是我把人事关系又从总医院取出来,退回医学院,医学院人事处又给我重新发了派遣手续。就这样我成了石教授的学生,也成了一名二院人。

第二次听石教授讲课大概是1992年,石教授应天津医科大学第二医院的邀请,给全院的年轻医生做一次示教讲课。我们都想听石教授的课,早早就往大教室跑,到那里一看,前三排已经被医院的各科室主任坐上了,其中还不乏白发苍苍的老者。我等年轻之辈只能坐在后面了。那天,石教授讲的是急性心肌梗死的诊断。他依旧是那样,准时开始,准时结束,把心肌梗死的心电图、心律失常、心室重构、泵功能衰竭等讲得清清楚楚,把我一直以来似懂非懂的问题一下子讲明白了,搞清楚了很多关键的概念性问题,知其然,更知其所以然了。他对临床问题的理解和看法总是能够先人一步,对事物的把握总是那么恰到好处,总是能够更深入、更清晰地看到临床现象的本质。课后,很多老主任跟我们讲,你们不知道,听石教授讲课是一种享受,他讲课是一种艺术。

石教授作为国内和国际知名的心血管病专家,博大精深,但又十分平易近人,谦虚谨慎。当我们向他请教某个问题时,他有时说这个问题他不是十分清楚,希望我们问某位专家更好;有时他还推荐一些书籍或文献。记得在1992年,国内刚刚开始进行特发性室性心动过速的射频消融治疗,我对特发性室性心动过速的认识还十分肤浅。一次,我拿着一位特发性室性心动过速患者的发作心电图找到石教授请教，他告诉我这是典型的特发性室性心动过速，给我讲了这种心动过速的诊断特点，并告诉我可以静脉注射维拉帕米终止其发作，还特别强调推注维拉帕米的过程中，心动过速的频率会有减慢，心动过速频率的减慢常常是有效和终止前的表现，通常心动过速的频率降低到每分钟 100 次左右时，心动过速就要终止了。同时，他告诉我，有一本由著名心脏电生理学专家 Zipes 主编的心动过速专著，在那本书里 Zipes 详细地描述了特发性室性心动过速的临床特点、解剖定位和电生理机制，建议我看一看。当我给病人静脉应用维拉帕米终止心动过速时，病人的临床变化过程完全如石教授所说。我到图书馆借到那本书后，仔细阅读，受益匪浅。第二天，在我查房前，石教授又来到病房，给我带来了 3 篇有关特发性室性心动过速的英文文献，但是他什么都没有讲，只让我看看。在石教授的指导下，我们充分地认识了这种特殊的室性心动过速，并顺利地开展了特发性室性心动过速的射频电消融工作。

1990 年，那时候石教授的办公室在研究所的一楼，我在研究所的三楼做研究生课题，我总要经过石教授的办公室。石教授在研究所办公和上班的时候很少关门，我每次经过他的办公室门口时，经常自觉不自觉地向他的办公室里望一眼，每次看到的都是他伏案工作的身影。那时候石教授正在著书立说，写他的《临床心律学》和再版他的《临床心脏电生理学》。石教授的这两本书可能是他投入心血最多的。他的《临床心脏电生理学》是我国第一部用自己的材料写成的心脏电生理学专著，很多人就是通过这本书学习和从事心脏电生理临床和研究的。那时候石教授并没有直接教导我应该如何学习，应该如何治学，但是他伏案写书和查阅资料的身影已经告诉了我应该如何学习和治学。

20世纪90年代初，计算机还不普及，好几次我在图书馆打字室里看见石教授自己用机械打字机打字。一次，石教授找我，我走进他的办公室时，他正在工作，他要我等一下。我看见他戴着老花镜，自己用剪刀正在剪心电图，旁边是他自己打好的注释字符，他用小镊子夹住那些打有字符的小纸片，涂好糨糊粘到心电图上。我说，这事您让我们干就行了。石教授说：自己的事情应该自己做。他告诉我，平时应该注意积累。我后来听石教授说，他所著的《心律失常的诊断与治疗》一书就是用他在总医院期间的大量心电图资料写成的。石教授踏踏实实、严肃认真、一丝不苟的治学精神深深印在我的脑子里。本来他可以让别人干诸如贴图、打字之类的事情，但是他没有，石教授的身教告诉我们要尽量自己动手，告诉我们身体力行的重要。

90年代中期，计算机开始进入了家庭，单位也开始普及计算机，尽管那时的计算机不外是"286""386"的，但它毕竟改变了人们的行为方式。石教授意识到计算机是当今世界必不可少的，年近八十岁的他居然到计算机学习班参加学习，并很快掌握了计算机使用技术，自己可以打字写材料、上网查文献资料和发e-mail等。在计算机班里，石教授可能是年龄最长的学生。对于一位年近八十岁高龄、又没有学过汉语拼音的老人,学习打汉字所要付出多大的努力啊!他对新知识和新技术的掌握和渴求深深地教育了我。现在,我与石教授通信就是通过 e-mail。

石教授还每天到研究所上班的时候,每次都按时参加科室的活动。记得一次他作为老教授在科里做示教查房。下午 2 点他准时坐在教室里,我注意到,只要是石教授参加的活动,他从来不迟到,不让别人等他,安排几点开始就是几点开始,从不拖沓,表现了他对自己的严格要求,也体现了他对别人的尊重。他在办公室上班也是准时到达,午休后 2 点准时上班。我们都知道,他的办公室门开着,就说明他在工作,而他的办公室的门总是那样有规律地开着。他严谨、守时、严格要求自己的工作作风无声地教育着我们每一个人。

恩师石毓澍教授给我的印象是博学而谦虚,身教胜言传,严谨而幽默,严格而慈祥。我到恩师身边读博士研究生时,石教授已经七十多岁高龄。第一次见到石教授,在我看来他是一个极其普通的老人,言语不多,却让忐忑不安的我感到心里很踏实,但是仍然让我心存敬畏之情。

石教授与我的第一次长谈是 2002 年的 10 月,那是在我和石惟明一起去北京机场接石教授回天津的路上。石教授那天精神非常好,不顾从澳洲飞到北京一路的辛苦,与我谈了学科建设、人才培养、医教研的关系、学科发展的方向,以及今后心脏科应该如何发展等等。近几年,石教授已九十多岁的高龄,依然查阅文献,阅读心脏病学的专著,把一些非常好的原版心脏病学的书(电子版)通过 e-mail 发给我,让我和科室的医生学习参考。他在 98 岁高龄的时候,还结合自己的经验,参考心脏病学的经典专著,编写出版了一本心脏病学讲义。当我接到讲义时,心情难以平静,对恩师更加敬仰。我每次与恩师的通信,只要谈到学科建设和人才培养,他都说:为国家培养一批心脏病学的专门人才,就是对国家和心脏病学事业最大的贡献。我几次专程去澳洲看望恩师石教授时,谈得最多的也是科室的学科建设和人才梯队建设,我每次都能感受到他对事业的关注、对年轻一代的殷切希望和对心脏病学事业的执着。

2017 年,恩师石毓澍教授已 99 岁高龄。回忆在石教授身边学习和工作的日子,深深感受了他的身教和言传,但是更多的是身教。石教授的博学、精湛的医术让我为之折服,而他对事业、家庭、做事、做人的认识,他对传统的和现代观念的完整合一,教学会了我如何处理生活和事业的关系。他高尚的人格魅力和大家风范使我知道如何做人、做事。

(作者系天津医大二院心脏病学研究所所长、教授)

石毓澍教授部分专著和论文

专著

1.《临床心律学》,天津科技出版社,1994 年。
2.《临床心脏电生理学》,天津科技出版社,1997 年。
3.《临床心脏病学讲义》,天津科技出版社,2016 年。
4.《临床心脏病学讲义》,天津科技出版社,2018 年。

论文

1.《急性白血病（27 例临床分析)》,《中华内科杂志》,
1954(2)。
2.《"原发性"脾脏结核病》,《中华内科杂志》,1955
(3)。
3.《阵发性心动过速处理之商讨》,《中华内科杂志》,
1955(3)。
4.《Fiedler 氏心肌炎》,《中华内科杂志》,1955(3)。
5.《原因未明的急性良性心包炎》,《中华内科杂志》,

1957（5）。

6.《急性心内膜下心肌坏死》，《中华内科杂志》，1958（6）。

7.Acute subendocqrdial myocardial necrosis，Report of 11 cases，*Chinese medical Journal*，1959（78）。

8.《房室传导阻滞中心房节律不齐的发生机制》，《中华内科杂志》，1858（6）。

9.《房室通道及外科治疗》，《天津医药》，1962（4）。

10.充血性心力衰竭的研究：

①《心力再代偿期之水及电解质平衡的观察》，《天津医药》，1963（5-6）。

②《钠的排泄与再吸收》，《天津医药》，1964（6）。

③《水及电解质排泄的昼夜变化》，《天津医药》，1964（6）。

11.Sodium excretion and reabsorption in congestive heart failure，*Chinese medical Journal*，1965（84）。

12.Water and Electrolyte balance during recovery from congestive heart failure，*Chinese medical Journal*，1964（83）。

13.《房室结双通道与阵发性室上性心动过速》，《中华内科杂志》，1983（22）。

14.A-V nodal dual pathways and paroxysmal supraventricular tachycardia，*Chinese medical Journal*，1985（98）。